印 顺 法 师 佛 学 著 作 系 列

学佛三要

释印顺 著

中华书局

图书在版编目（CIP）数据

学佛三要/释印顺著. —北京：中华书局，2010.6
（2025.7 重印）
（印顺法师佛学著作系列）
ISBN 978-7-101-07486-4

Ⅰ.学…　Ⅱ.释…　Ⅲ.佛教-基本知识　Ⅳ.B94

中国版本图书馆 CIP 数据核字（2010）第 130265 号

经台湾财团法人印顺文教基金会授权出版

书　　名　学佛三要
著　　者　释印顺
丛 书 名　印顺法师佛学著作系列
责任编辑　朱立峰
封面设计　毛　淳
责任印制　管　斌
出版发行　中华书局
　　　　　（北京市丰台区太平桥西里 38 号　100073）
　　　　　http://www.zhbc.com.cn
　　　　　E-mail：zhbc@zhbc.com.cn
印　　刷　三河市鑫金马印装有限公司
版　　次　2010 年 6 月第 1 版
　　　　　2025 年 7 月第 9 次印刷
规　　格　开本/880×1230 毫米　1/32
　　　　　印张 5⅜　插页 2　字数 110 千字
印　　数　17501-18500 册
国际书号　ISBN 978-7-101-07486-4
定　　价　28.00 元

"印顺法师佛学著作系列"出版说明

释印顺(1906—2005),当代佛学泰斗,博通三藏,著述宏富,对印度佛教、中国佛教的经典、制度、历史和思想作了全面深入的梳理、辨析与阐释,取得了一系列重要学术成果,成为汉语佛学研究的杰出典范。同时,他继承和发展了太虚法师的人生佛教思想,建立起自成一家之言的人间佛教思想体系,对二十世纪中叶以来汉传佛教的走向产生了深刻影响,受到佛教界和学术界的的高度重视。

经台湾印顺文教基金会授权,我局于2009年出版《印顺法师佛学著作全集》(23卷),系统、全面地介绍了印顺法师的佛学研究成果和思想,受到学术界、佛教界的广泛欢迎。应读者要求,我局今推出"印顺法师佛学著作系列",将印顺法师的佛学著作以单行本的形式逐一出版,以满足不同领域读者的研究和阅读需要。为方便学界引用,《全集》和"系列"所收各书页码完全一致。

"印顺法师佛学著作系列"的编辑出版以印顺文教基金会提供的台湾正闻出版社出版的印顺法师著作为底本,改繁体竖排为简体横排。以下就编辑原则、修订内容,以及与正闻版的区别等问题,略作说明。

编辑原则

编辑工作以尊重原著为第一原则,在此基础上作必要的编辑加工,以符合大陆的出版规范。

修订内容

由于原作是历年陆续出版的,各书编辑体例、编辑规范不一。我们对此作了适度统一,并订正了原版存在的一些疏漏讹误,主要包括以下几项:

1. 原书讹误的订正:

正闻版的一些疏漏之处,如引文、纪年换算、人名、书名等,本版经仔细核查后予以改正。

2. 标点符号的订正:

正闻版的标点符号使用不合大陆出版规范处甚多,本版作了较大幅度的订正。特别是正闻版对于各书中出现的经名、品名、书名、篇名,或以书名号标注,或以引号标注,或未加标注;本版则对书中出现的经名(有的书包括品名)、书名、篇名均以书名号标示,以方便读者。

3. 梵巴文词汇的删削订正:

正闻版各册(特别是专书部分)大都在人名、地名、名相术语后一再重复标出梵文或巴利文原文,不合同类学术著作惯例,且影响流畅阅读。本版对梵巴文标注作了适度删削,同时根据《望月佛教大辞典》、平川彰《佛教汉梵大辞典》、荻原云来《梵和大辞典》等工具书,订正了原版的某些拼写错误。

4. 原书注释中参见作者其他相关著作之处颇多,为方便读者查找核对,本版各书所有互相参见之处,均分别标出正闻版和本版两种页码。

5. 原书中有极少数文字不符合大陆通行的表述方式,征得著作权人同意,在不改变文义的前提下,略作删改。

印顺法师佛学著作对汉语佛学研究有极为深广的影响,同时在国际佛学界的影响也日益突出。我们希望"印顺法师佛学著作系列"的出版,有助于推进我国的佛教学以及相关学科的研究。

中华书局编辑部
二〇一一年三月

目　录

一　学佛之根本意趣

一　人生所为何事

　　平常人只说学佛,但为什么要学佛? 其根本意趣究竟何在? 这一问题是应该明白的。可以说:学佛并不是无意义、无目的,而是要获得一种高尚、圆满的成果。学佛的而能够深刻地理解到学佛的根本意趣,进而感觉到非学佛不可,有这种坚强的信念,才能真正走向学佛之路,而不在佛门边缘歇脚,或者走入歧途。

　　人生存于世间,究竟所为何事? 有何意义? 这要从吾人本身去观察,唯有这样才能把握住学佛的意趣,因为佛法就是解决人生的根本方案。也可说:这是一切高等宗教所共同的,皆由此而产生的。但人生究竟所为何事? 有何意义? 唯有佛法才能完满地解答。

　　一、茫茫生死事难知:人从最初出生开始以至老死为止,匆匆数十年中,终日浑浑噩噩,究竟生从何来? 死往何去? 谁也不能答复这一问题。所以只能说糊涂地来又糊涂地去,人就在这糊涂中过去。甚至夫妇的配偶,也每是无意的似乎偶然的结成;一生事业,也每是糊涂地做去,最初也未必有个一定的计划,很少由自己的主意而成就。西洋某哲学家,对这茫茫人生有一个妙喻,他说:某处有两座耸峻的高山,山下是一条很深长的溪流,两山的中间有一条狭长的小桥结连着,人就伫立在这座桥上前进。向前山远眺去,是云雾弥漫,一片糊涂;向后山远瞩去,又是烟雾沉沉;向下看去,深邃莫测。有的人走上三两步,就掉下深渊;有些人走了一半路程,也不幸掉下去;就是走近对面山边,也还是难以幸免落入茫茫的深渊。掉下去究竟去向何处,谁也不知道,这正是茫茫人生的最好的写照。学佛就是对此糊涂人生,有一彻底的认识。这人生问题,虽然也可以不必去研究,如一只海船,从此海岸驶往很远的目的地,在茫茫的大海中可以糊涂地向前航行。但是,漫无方向地乱闯,这是一件极危险的事。佛法,就是说明了这人生从何来,死往何去,现在怎样行去,才能安登光明彼岸的问题。

　　二、碌碌终生何所得:人生碌碌忙了几十年,从小就忙,一直忙到老死,到底忙出什么成绩来? 这是值得反省的、很有意义的问题。可是不忙又不成,多少人无事也要忙,问他忙个什么? 他是无以答复你,但总之不能不忙。年轻人大概不会这样想的,他们以为前途是充满了无限的光明。一到中年以后,对此碌碌人生就有所感触。我不是要诸位不要忙,而要探讨忙了有何所得。世俗说:"人生好似采花蜂,采得百花成蜜后,到老辛苦一场空。"在忙碌中确曾获得了高官、财富、地位,但不久就失去了,好像什么都是空欢喜,什么都毫无成就。老年人对此,特别有着深刻的体验,如儿女小时个个都跟随在身边,一等长大了,也就各个营谋个己的独立生活去了。这一问题往往容易使人生起悲观消极、萎靡颓废的观念,但佛法却并不如此。

三、孳孳行善复何益:关于劝人行善,不但佛教这样,儒家、耶、回教等,无不教人行善止恶的,所谓"为善唯恐不及"。可是行善究竟有什么好处呢? 道德究竟有什么价值? 平时说:"行善得善果,作恶得恶报",这是因果的定律。中国人对于行善的观念,多建立在家庭中,如父母行善作福,其子孙必多昌隆,"积善之家,必有余庆"。其实并不如此,有父母良善而子孙大恶,有父母很坏而子孙忠孝。如古代尧帝秉性仁慈而丹朱性情傲慢;又如瞽瞍为人顽劣而其子舜帝大孝,就是一例。约个人说:这社会上往往是坏人容易得势,好人每每被欺侮、吃亏。如孔子的道德学问,难道不好吗? 可是,当他周游列国时,曾经几乎被饿死,政治上也无法舒展抱负。反之,大恶盗跖,竟能横行于当时。这样看来,善恶与祸患,有什么必然规律? 为什么要行善呢? 这唯有佛法建立三世因果,才能解决这些问题。所以说:一切宗教劝人行善的出发点是一致的,而与佛法的结论却是不同。学佛只管孳孳行善,也许目前所遭遇的是不利、困惑,但将来善业成熟,自然会感到美满的善果。能这样,才算合乎佛教的精神。

四、逐逐此心安不得:说来这实在是一件不着边际的苦事,我人的心总是向外贪求,终日为着色声货利名闻权力在驰求。为什么要这样? 为了心满意足。如一个缺乏衣食的人,他必须获得金钱才能解决生活的困难。可是一等他获得足够的衣食后,他仍然是不满足,进一步又要讲求衣食质料的美好,出门要有新型的轿车,住的要有精美的大厦。等到一切都到了手,心中还是不满足。人心永久是这样的,终日追求,没有满足的一天。如马奔走一样,后足着地,前足早又挂空,决不会有四足一齐着地的。人心不足,总觉得他人样样比我好,其实不然。学问家为了追求更多的学问,他也是不满足的。为一国之主的,虽有绝大权威,他也还是不满足的,有他说不出的苦。人不能获得满足,内心就永久得不到安乐。平常说:要安乐就得满足,其实人心从来就不满足,怎能得到安乐呢?一般宗教给人安慰,使人满足,安慰也可说是一般宗教的共同点。如西洋宗教教人信就得救,得救了自然就会满足,内心也就得安宁。把人当小孩一样看待,小孩子,你听我话,不要哭,给你玩具。其实问题没有得到解决,因为人心的不满足,不是外来的给予所能满足的。唯有佛法,教人先要了解生死究竟是怎么一回事,碌碌终生究有何所得?行善复有何利益?如何才能获得内心满足和安乐?从这些问题去审察,才能把握住佛法的核心,也才能真正获得安乐。

二　我在宇宙之间

一、神造我软?对这茫茫的人生,又考察到另一个问题,就是我生存在这广大长远的时空中,究竟有何种地位?宇宙之大,上天下地,形形色色,万化纷纭,吾人生来死去,行善作恶,皆在其中。但我们生存这宇宙之中,究竟是什么地位?应该采取何种态度?比方在家庭中是家长,即负有家长的责任;做学徒的,就应有学徒的态度。西方宗教的观念，人在宇宙之中是被造的，宇宙间一切万事万物，飞鸟走兽，乃至草木丛林，各式各样，都是神所创造的，一切受神的管理和支配。人既然属神所有，人就是神的奴隶，所以他们每称神为主，人自称神的仆人。所以我说：西方宗教的人生观，是主奴的文化体系。人是神的奴仆，一切唯有服从，不服从就有罪。如主人命令仆人先扫地后煮饭，而仆人却先煮饭后扫地，虽然事情做得很好，这也是不对的，因为仆人违背了主人的命令。这宇宙间就是能造的神和被造的人与万物的两种关系。人虽是奴隶，但是高等的奴隶，神创造了宇宙万物以后，教人去支配管理万物。所以做人的态度，站在神的面前是感觉到万分的可怜；但是对于万物，又有了大权威，值得高傲。西方宗教文化，离开了神，好像一切毫无意义。这种观念，在当时文明未开化时期，也许是合理，但是到了现今，是值得考虑的了。

　　二、天地生我欤？中国文化对于人在宇宙间地位的看法，比西方宗教要高明得多，他说人由天地所生，或由阴阳和合生。天是属于形而上的或精神的，地是属于形而下的、物质的。天地生万物，而人独得天地之正气，称为万物之灵，甚至伟大到与天地并立，称之为"三才"。所以人在天地间是最高尚的，不同于西方的主奴体系。是否人人都能与天地并立呢？唯有圣人才能"赞天地之化育"。又说："天地无心而成化，圣人与万物同忧"，这些都充分地表现出圣人之伟大。天地生万物是无心的，是一种自然的现象，不同上帝生万物是有心的，要生就生。但是宇宙间从好处看：花儿美，鸟儿叫，一草一木都是可爱的。若从坏处看：大虫吃小虫，大鱼吃小鱼，你害我，我杀你，彼此互相残害。若说上帝造万物，这种生物界互相残杀的情形，最后当然也根源于神，神就未免太残酷了，所以上帝造万物说不通。儒家说天地万物是无心的，万物相争相杀，又相助相成。圣人却不能无动于衷，他要与万物同忧。天地是属于自然界的，而圣人是人文道德的。圣人看到世界人类互相斗争，他就主仁爱和平。看到人们缺乏知识，他就以教育化导之。看到人们道德沦亡，他就重道德。天地间种种的不好，圣人总得想办法使它合理化，臻于至善，这样圣人也就赞天地之化育了。这种观念，比西洋宗教合理得多。由于中国的天地生，阴阳生，所以中国文化体系是父子式的。家庭是父家长制；政治是帝王以老百姓为子民，老百姓称地方官为父母官。父子文化体系，是情胜于理，不像主奴体系的重法，刻薄寡恩。

三、我造世间欤？佛法认为宇宙间的一切是由各人自己造成的，所谓是自作自受，共作共受，这是业感的定律，与神教恰恰相反。因此，学佛的应该理解到两种道理：一、世界这样的混乱和苦难，是由人类过去的恶业所造成，要世界清净和庄严，也唯有人人能行善止恶，才有希望。约个人说：我没有知识或家境的困难，乃至病苦的纠缠，都是由于过去或现生的业力所成。所以说要想世界得和平，个人得安乐，要自己尽量地向好的方面做去才行。若人是神所造的，自己就没有力量，一切只有听神决定。佛法说由自身业力所招感，故自己有一番力量能改造自己，进而能改造世间。二、相信了佛法的业感缘起，无论是世界秽净、个人的成败，都是以前的业力所招感，决不会怨天尤人。业力是可以改进的，就从现在向善的方面做出，前途自然充满了无限的光明，这是佛法为人的根本态度。我人何以要行善，使个人获得安乐，使世界趋于和平。这赞天地之化育是每个人都能做到的，所以佛法提倡平等观，也就是人人皆可以成佛的道理。了解到这点，就可以明白人在宇宙间占有何等重要的地位。

佛法的我造世界、人人造世界说，是自由自主的人生观。人与人间，既不是主奴体系，也不是父子体系。先进先觉的是师，后觉的是弟子。先觉者有引导后觉者应尽的责任，是义务而不是权利；后觉的、不觉的，有尊敬与服从教导的义务。师友间情理并重，而在共同事上，又完全站于平等地位。以佛法而构成社会关系，必然为师友文化体系，适合于民主自由的精神。

佛法说，我能造世界，与上帝的创造不同。上帝要人就有人，要万物就生万物，是无中生有的，违反因果律的创造。佛法的造世界，是由各人起心动念的业力所造成，若能积功累德，净心行善，就可以实现清净理想的世界。最近有人说：佛也能创造世界，如阿弥陀佛能创造西方极乐世界。其实，若想以此来媲美莫须有的创造神，那是笑话！若以此来显示佛的能力，也是不懂佛法。依因果律而感造世界，这有甚么希奇，凡夫也能创造世界，不过所造的是地狱、饿鬼、畜生、人间、天上的世界罢了。因人有烦恼恶业，所以造的是污浊世界；佛具有无边清净功德——福慧圆满，所以造的世界是庄严清净国土。这是佛法的因果定律。学佛者明了这一道理，在日常起心动念中，应尽力向善的方向做去。自己这样做，劝人也这样做，清净世间的实现（十方已实现的，很多）才有希望。

三　学佛是人生向上事

要了解学佛的根本意趣,必先认识人生生存的价值,在宇宙中是居于主动的地位,而后才能决定我们应走的正确路向。因为世间的动乱和安宁,人们苦痛与幸福,都是人类自力所造成,并没有什么外在的东西来主宰我们。人类有此主动的力量,才有向上向善的可能。

向上,就是向好的方向努力,一步步地前进达到那至善的最高峰,也就是学佛的意趣所在。人之常情,无不喜爱向上向好的,除非是失意分子,因为事业等失败,使他意志消沉,不想振作,索性做一个社会上的败类。但这种人究竟是少数,而且都有机会改善的。平常以为人生好事,是家庭生活美满,儿女多,身体健康,有钱有势,当然这也是人生的好事。可是依佛法说:这是好的果,并不是好的原因。要想获得良好的结果,不能就此满足,因为这是要过去的。必须积集良好的因,才能保持而趋向更好的。这如见一朵美丽的花,就想摘下来属于己有,而不想法去培植花草,或不再去培植,虽然获得了,到底是罪恶的,或立刻要失去的。有些人,能合理地获得了钱财和地位,但是往往利用这些钱势,做出种种害人利己的勾当,这都是缺乏了人生向上的精神,更没有确定向上目标的错误所致。

有人说:我不想学佛、成佛,只要做一个好人就够了,这是不大正确的。古语说:"取法乎上,仅得其中;取法乎中,则得其下。"学佛,先学做一好人,这是正确的;若只想做一个好人,心就满足，结果每是仅得其下。所以，学佛不但要做一好人，而且还要具有一种崇高的目标，纵使一生不能成办，将来总要完成这理想的目标才对。

世界任何高尚文化，都有一个理想的目标，劝人去修学。如耶教叫人体贴神的意思，效法耶稣。虽然他们认为人不能做到神和耶稣那样的权威，但是要学习耶稣博爱和牺牲的精神。他们说：人的身体是土所造的，灵魂是由神给予的。因为人作了罪恶就堕落了，将那圣洁的灵魂弄得污脏不堪，所以教人先将污浊的心净化起来，才能进求那光明理想的目标——生天国。

中国儒家也说："士希贤，贤希圣，圣希天。"士是读书明理之人，尚且要"见贤思齐"；进而贤人还要效法圣人。但是"圣人有所不知"，又要希天。所以正统儒家的精神，无时无刻不在鞭策自己向贤圣大路上迈进的。道家也有一套理想的目标，所谓"天法道，道法自然"。"道法自然"者，即是依据宇宙万有的自然法则，不用矫揉造作，任性无为，便是他们做人向上的目标。人世间的一切，立身处世，若不遵循自然法则的发展，就会颠倒错乱，治丝益棼，一切的痛苦困难就接踵而来。从上面看来，儒家是效法贤圣的高尚人格，进而通于天格；道家是崇尚宇宙间自然的真理法则。总之，他们都有引导人生向上的理想境地。

一般人以为能好好做人就好了，不需要什么向上向善的目标，像这样得过且过的心理，不能自我强化，努力向上，如国家或民族的趋势如此，有堕落的危机。一般高尚的宗教，都有一个光明的远景摆在我们面前，使人向往、羡慕，在未达到这一理想境地的中途，不断地改造自己，力求向上，这才能获得信教的真实利益。

　　学佛要怎样才能向上？这先要明白佛法中五乘道理，五乘：即人、天、声闻、缘觉、（菩萨）佛。人天乘是佛法的基础，但不是佛法的重心所在。因为做一好人，是我们的本分事，即是生天也不希奇。虽然天国要比人间快乐得多，但是还在三界之内，天福享尽，终必堕落，还有生死轮回之苦。佛法的真义，是教人学声闻、缘觉的出世；学菩萨、成佛的自利利他，入世与出世无碍。但学声闻、缘觉，还不过是适应的方便，最高的究极是以佛果为目标，从修学菩萨行去实现他。学菩萨行向佛道，必不离人、天、声闻的功德，渐次展转向上，虽然要经过悠久的时间和广大无边的功德累积，但有了这高尚的目标在前，助长我们向上向善的欲乐精进，至少意志不会消沉堕落下去。

　　学佛必先皈依三宝——佛、法、僧。三宝，是学佛最高理想的皈依，应依此三宝而去修学。三宝中的法，是人生宇宙绝对的真理。佛是对此真理已有究竟圆满的觉悟者。僧是三乘圣贤，对于真理虽然没有究竟的觉悟，但已入法海，有或浅或深的体验者。所以佛与僧同是学佛者最高理想的模范。佛法，不像耶、儒的但以人格性的天神或贤圣为崇仰，不像道者但以永恒的自然法则为依归；皈依三宝，是统一了人与法二者而树起信仰的理想。我们何以要恭敬、礼拜、赞仰、供养三宝？这不但是一种虔诚敬信的表现，也不仅是一般所见的求功德，这是向往着佛、僧崇高的德性和圆满的智慧，真法的绝对究竟归宿，以期我们对于真理，同样获得彻底的觉悟。我常说：中国孔、孟之道，对于做人处世、立功、立德，有一种独特的好处，可是缺乏一幅灿烂美妙的光明远景，不能鼓舞一般人心向往那光明的前途而迈进。可是一般宗教，无论你是多么的愚痴和年老，它都有一种摄引力，使你向上向善而努力。所以能够看经、研究佛法，和拜佛、念佛的，不一定就是真正的信佛或学佛的。真正的学佛，主要是以三宝为崇高理想的目标，自己不断地修学，加以佛菩萨的慈悲愿力的摄受，使我们身心融化于三宝中，福慧一天天地增长，一天天接近那崇高的目标。

四　学佛的切要行解

佛法中，从信仰到证悟，有"解"、"行"的修学过程；解是了解，行是实行。佛法的解行有无量无边，现在仅举出扼要的两点，加以解说。先说理解方面的：一、"生灭相续"；二、"自他增上"。生灭相续，说明了我们的生命是生灭无常、延续不断的，也就是"诸行无常"义。人生从孩童到老年，无时无刻不在演变中，虽然是不断的变化，后后不同前前，但永远相续着，还有他个体的连续性。扩大范围来说：今生一期旧的生命结束，新的生命又跟着而来，并不是死了就完了。就如今晚睡觉，一夜过去，明早再起来一样。明白了这种道理，才能肯定那业果不灭的道理。就现在说：如一人将来的事业成功或失败，就看他有否在家庭与学校中受过良好的教育。又如年轻时，如不肯努力学会一种技能，不能勤勉地工作，年纪老大时，生活就要成问题。这一简单的原理推广起来，就显示了今生若不能做一好人，不能积集功德，来生所得的果报，也就不堪设想了。换句话说，要想后生比今生更好、更聪明、更幸福,今生就得好好地做人。这前后相续、生灭无常义,可以使我们努力向上向善的目标做去。

自他增上,"增上"是有力的、依仗的意思。人类生活于社会上,决不能单独地存在,必须你依我,我依你,大家互相展转依持。如子女年龄幼小时,依靠父母抚养教导;等到父母年老,也要依子女侍奉供养。推而广之,社会上一切农、工、商、政,没有不是互相依仗而展转增上的。依佛法说,范围更大,宇宙间一切众生界,与我们都曾有过密切的关系,或者过去生中做过我们父母兄妹也说不定。只因业感的关系,大家面目全非,才不能互相认识。有了这自他增上的了解,就可培养我们一种互助、爱人的美德,进而获得自他和乐共存。否则,你害我,我害你,互相欺骗、残害,要想谋求个人的幸福、世界的和平,永远是一个不可能的问题。所以,世界是由我们推动的,要想转秽土成净土,全在乎我们能不能从自他和乐做起而决定。

关于修行的方法,虽然很多,主要的不外:"净心第一"和"利他为上"。学佛是以佛菩萨为我们理想的目标,主要是要增长福德和智慧,但这必须要自己依着佛陀所说的教法去实行。修行的主要内容,要清净自心。因为我们从无始以来,内心中就被许多贪、嗔、邪见、慢、疑等不良分子所扰乱,有了它们的障碍,我们所作所为皆不能如法合律,使自他得益,所以修行必先净心。净化内心,并不是摆脱一切外缘,什么也不做、不想。应该做的还是做,应该想的还是想(观),不过要引起善心,做得更合理,想得更合法,有益于自他才对。这如铲除田园中蔓草,不但要连根除去,不使它再生长,而且还要培植一些有用的花草,供人欣赏。所以佛法说,只修禅定还不能解决生死问题,必须定慧双修,断除有漏烦恼才能获得道果。佛法说:"心净众生净"、"心净国土净",都是启示学佛者应从自己净化起,进而再扩大到国土和其他众生。这无论是大乘法和小乘法,都以此"净心"为学佛的主要内容。

其次讲到利他为上:依于自他增上的原则说,个人离开了大众是无法生存的,要想自己获得安乐,必须大家先得安乐。就家庭说,你是家庭中一员;就社会说,你是社会上一分子。家庭中能幸福,你个人才有幸福之可言;社会上大家能够和乐,你个人才能获得真正安宁。这如注重卫生,如只注意家庭内部的清洁,不注重到家庭四周环境的卫生,这是不彻底的卫生。所以小乘行者,专重自利方面,专重自净其心,自了生死。以大乘说,这是方便行,不是究竟。菩萨重于利他,无论是一切时,一切处,一件事,一句话,都以利他为前提。净心第一,还通于二乘;利他为上,才是大乘不共的特色,才更合于佛陀的精神。

(印海记)

二　生生不已之流

　　世界本来就是难得圆满的，本来就是充满了苦痛的，但现代世界人类的苦难，越来越多，这是大家所能深切感觉的。彼此缺乏和乐谅解的精神，老是互相嗔恨，互相斗争，越来越凶，弄得人类生活得毫无生趣。要消灭这世间的苦难，唯有大家来奉行佛法。依佛法去调柔人心，救济世间，才是最好的方法。

　　世界所以弄得这么糟，是受了两种思想的毒化。这两种思想，虽古代早已有了，但到近代，更泛滥、更猖獗起来。哪两种呢？一、近代文明的特征，是对于宗教信仰的情绪减低了，甚至否定它或摧残它。这由于近代人的思想、精力，都倾向集中于物质世界的研究。对于人类自己，看作物质的集散现象，以为一死就完了。生前所作所为的一切，都不需要自己来负责，道德的精神开始没落。近代抱着这种观念的人太多了！依佛法说，这是不信生前，不信死后，只有现在，是拨无前生与后世的邪见者。一死就什么都归于乌有，只剩一堆物质，不负生前的行为责任，这是与宗教相反的。此种错谬思想，全由于庸俗的功利观，哲学上是唯物论。二、西洋有一类思想家，他们觉得世间的一切，时刻在斗争着。谁善于斗争，谁就能获得生存，获得胜利。这种斗争哲学所散布的思想,造成四面皆敌、紧张、惊慌、残酷、杀害的心肠。弱肉强食的天演进化论,是这一思想的代表。自从这两种思想广泛地流行,人类的观念就起了激烈的变化。一方面,认为死了完了,生前的一切全用不着负责。一方面,想要活下去,非向他人斗争不可。这种唯物的、斗争的思想,给予近代人类的祸害最大。要彻底地把它纠正过来,也应从两方面着手。一、人生并非唯物的,死了并非没有,生前的行为责任,要自己来负责。二、人生的理想,不是彼此斗争不已;人与人间,应有互助合作、相敬相爱的态度。养成自我负责、彼此和乐的社会风气,才能减轻世间的苦难。这唯有佛法,才能彻底地针对这两种错误思想,给予从根变革过来。现在先从佛法的立场,说明生命延续的事实。

一　有情为本

　　人生及宇宙,如把它看作延续的、发展的、活泼泼的、新新非故的、生生不已的,这不一定是佛教所说,其他的宗教与哲学,也每有这种见解。对于生生不已,他们常是这样看:一、从宇宙论去看,不但人和动物如此,花草树林、高山流水,都活泼泼地表现宇宙生命的洪流。宇宙的一切,都呈现活跃的生机,所以宇宙常在不息的发展、不息的进化中。二、从人生论去看,着重社会。从种族的繁衍、人类的互助,看出社会是生生不已的,充满生意。这种看法,从宇宙与社会全体去看,未必能纠正上说的毒素。因为说到宇宙与社会,多少倾向于外在的、普遍的客观化,与自己形成对立的态度。每每是着重于整体而忽视个人，成为非宗教的。

世间的一切，如作常识的分类，可分为矿物、植物、动物；或可以分为物理的、生理的、心理的。如着重人类，更可从有心理活动的动物中，别出理智的人类。对于这些，佛法所说的生生不已之流，是出发于有心理现象的，而且是每一生命单位。每一生命单位，都是延续不息的生命之流，如长江大河的滔滔不绝般流来。生命，从来的佛典中，并没有这一术语，一向称为有情或命者。有情，是有情识的，有情爱的。命者，是从业报而来的，有一期寿命的个体。所以佛法所开示的生命之流，不是说生理的，而是有心理活动的，大抵与动物的含义相近。因此，草木花果、山河大地，都不是生命的核心、生命的当体。同时，佛法所说的有情或命者，不单是物理的、生理的或心理的，而是复合体的生命现象，所以也不像某些学者的偏重精神。在人说人，虽可说生命是一一人的自体，而实通于一切有情。佛法是从一切有情去观察他的生生不已。这一观点，佛法与印度哲学大致相近。

二　有情为继往开来的瀑流

我们要坚定地信仰：凡是有(情识的)生命的，死去了，绝对不就是毁灭；同样的，未生以前，也不是什么都没有。前一生命的结束——死了，即是后一生命的开始。如秤的一头低下去，便是一头高起来；生命是流水一样的不息流去。佛弟子对于三世延续的生命观，是这样的坚信着。每一生命的生生不已，本来在一般宗教中都是承认的,如耶教与回教都宣说:信神的死了生天国,作恶的落地狱——死后还是存在的。但他们着重由现世而到未来,而佛教及印度的宗教,却是三世论的,更注意到前生。不谈生前的二世论,也许以为生前是在神那里吧(与神别体,还是浑融无别)!不知为了什么,生到这世界来,饱经世间的忧患,而几乎全部走向堕落(生天的是少数吧)。现生的苦痛与快乐,聪慧与愚痴,夭寿与长寿,这种千差万别的众生相,既没有过去的差别因素,那就无法说明。如说这是神的意志,这是不能满足人心的。而且苦痛多于快乐,堕落多于上升,神也不免太残酷了!所以唯有三世论的生命观,才能圆满而正确地完成这一理念。

三世流转的生生不已,不但是生,而包含着死。生而又死,死而又生,生死死生的无限延续,是这里所说的生生不已的意义。生生不已,也就是死死不已。但一般希求生存,所以偏说生生,这是从有情的生存欲而建立的。生死死生的三世流转,或者想像为有一不变的主体。其实,活像大海中的波涛,被风吹得一层层的,卷起又退落,退落了又涌起来。这不但是水面的起伏,如静心地观察,会知道,大海的每一滴水,都在动荡不已的。说明此生生不已的变化不居,试举两个譬喻:一、如瀑流从山谷中流去,经过某处,如水少时,水从石罅中流出,发出溅溅的水鸣,小小的水花。或水中夹着草木流下,到此就搁着不动。如水大时,水急而为乱石所阻,便会涌起波浪,或成为急流中的漩涡。如水极大时,水反而汪洋一片,平坦而无波了。流水的形态是繁多的,只是由于水源流来的大小,或者夹着杂物。生命在三世的流转中也是这样:有时极快乐,有时极痛苦;有时极聪敏,有时极愚痴;有时寿命短促,有时寿长多少劫。这种种差别,也只是前生所积集的因业不同。二、生命的生而又死的告一段落(内在当然是延续的),如燃放花筒(火花),一层层的,断断续续的,前后放出不同的人物花卉。有情的生命延续,看来是中断的,而并不就此完结。是前前的业力影响于后后的,并非一成不变。三世的生命之流,应这样的去信解。

三世相续的生命流,不是不变的永恒,而是不息变化,继往开来的。现有的生命,或苦或乐,或愚或智,或健康或孱弱,或人或畜,种种不同,不是别的,只是前生的业因所影响了的(当然很多是现因所成)。过去思想的正确或偏邪,行为的合法与非法,对人的有利或有损,无限复杂的活动,留下业力,影响现在。现生不是脱空的新生,而是继承着过去,享受着过去的果实。同样的,现在的思想、行为,对人对己的一切活动,都留下新的业力(与过去未尽的业力),等此生结束时,又重行开展一新生命。一生又一生,看来自成段落,互不相关,而实在是继往开来的不断过程。这样的过去因起现在果,现在(过去)因起未来果,前前影响后后的继往开来,国家、社会、家庭,都是如此。所以三世相续的生命观,可说是最符事实,最容易信受的。

有些学佛的,忽略三世相续,误解解脱的真义,消极颓丧,以为人生毫无意义,过着不能努力止恶,也不想积极行善的生活。这实是严重的错误! 在继往开来的三世流中,将来会遭受不幸的后果。

三　有情为即心色而非心色的存在

有情，命者，上面曾说到：不单是生理的，而是精神与肉体——身心或者说名色的总和活动。依佛法说，组成有情的要素，一、精神的，是五蕴中的受、想、行、识四蕴；二、肉体的，是五蕴中的色蕴。色法，约复合体说，有皮、肉、骨、血等三十六物。约单纯的要素说，有生理机构的眼、耳、鼻、舌、身；物理基础的色、声、香、味、触；以及最一般的物质因素，地、水、火、风。心法，约认识中心的分类来说，有六识：依眼根而了别（彩色形态等）色的，是眼识；耳识，鼻识，舌识；依身根而了别软硬、涩滑等触的，是身识。这五识，近于生理学上的“感官经验”。第六是意识，这是对五识所取的印象，能一一地承受过来，加以再分别。意识的内容，极其广泛：内、外、过去、未来、现在、实事、虚理，都是意识所取所了的对象。六识，是六类的心理活动，是复杂的六类活动。每一识的同时，有情绪作用的受，取像作用的想，意志活动的行（思），及许多心所法。此外，还有微细的精神活动，佛法中称为细意识，近于心理学上的下意识与潜意识。这在一般心性浮动、向外奔放的人，是不大容易觉识的。唯有真实修行人，心地安定，才能多少觉察到。微细的心理活动，也是极复杂的。一、自我的认识：在此身心总和的活动中，由于相似（似一）、相续（似常）的生命态，不自觉地引起自我的观念，自我是真实存在的，成为一切活动中最内在的观念。二、不同的个性：个性虽不是绝对的，而一生的性格、兴趣、重情的、重智的，始终保有一种统一性。三、经验的保存：唯识学者别立末那识与阿赖耶识；末那是自我见相应的，而赖耶是经验的保存者。不同的个性，可通于二者。有情与命者的分析（这里是依人而说），大致如此。

从分析来看，有情不过如此，也许觉得这是机械的组合吧！而实在生命并不是如此。在精神与物质的和合中，现起统一的特性、形相与作用。有情统一了身心的一切，保藏了身心的一切。在一生中，身心不断地变化，或断或续，或多或少，而有情却始终表现为统一的。所以，有情不单是心的，也不单是色的；离不了色与心，而并不就是色心。如想离开身心的活动，另求生命的主体，那是绝对不可能的。然在身心的总和活动中，生命——有情是不同于色、又不同于心而存在的。这譬如房屋由木、石、砖、瓦、水泥等造成，离开了这些材料，当然无所谓房屋。要把这些集起来，经人工的设计与建筑，才显出房屋的形相与作用。但你不能说，房屋就是砖瓦等而已。有情也如此，在身心的统一中，现起有情的特性与作用。在不息的身心变化中，有情始终保持着身心的统一性与前后的统一性。有情不但是身心的统一，而且还统一着身心，而使他成为生命的一体。

佛法所说的生命——有情，虽然身心在不断的变化中，彼此间起着相依的作用，互相影响，然而无始以来，一一有情都营为相对的独立生活。一一有情，是身心和合的别别系统。不但个性、能力、生活，可能大不相同；而且各起自我的妄见，在盲目的活动中，带着损他利己的倾向。佛法所说的生生不已，是从这样的各各有情来说，不是从宇宙或社会的全体去说。

　　依止身心和合而存在的有情,从生到死,有着阶段性。初生时,身心互相协调,互相促进生长。假使身体或心识方面有着不正常的病态,身心又会互相影响。到老年,身心日渐衰老,彼此更不易协调,最后是死亡。但在这一生命的结束时,准备好了的新生命,又开始新的发展。有情,就在这样的变局下,始终起着统一的联系作用。

四　前生与后世

　　生命的三世流转,一般人都感到难以信受,这委实是个难题! 如以古今中外典籍所记载的,以证明生前死后的事实,但他们以为传说不可信,我没有见到。有人从廿四史中,录出有关生前死后的故事,还是没有受人重视。生生不已的生命奥秘,本是可依禅定,引发通力——身心所起的超常经验,而明见过去与来生。可是一般人既没有下过这番功夫,没有这种超常经验,也无法勉强他信受。对于这些人,连佛也无可奈何他。从前,有人问起前生后生,怀疑三世。佛为他说:例如那边山顶,有一大树,枝叶扶疏。如肯登山,就能看见。如向这边看,向山下望,不依从指示的路径去探求,这怎么会见到? 所以一向向外奔驰的世人,不受指导,不习禅定,不得净智,凭他那眼见耳闻的感官知识,否定三世流转的生命事实,说是迷信,这真如聋子的否认声音一样,犯了迷而不信的重病!

　　三世的生命流,一般人所以不容易接受,主要是过于信任五官的经验事实,倾向于唯物论的观点。唯物论者看来,物质是最本源的。生命所起的意识之流，只是物质所派生的，不能离物质而存在。所以肉体死亡了，意识不再现起，他们就认为彻底没有了。然依佛法来说：物质是不息生灭的。生灭的灭，不是说毁灭而等于没有，而是存在的另一态。一切物质现象，都在成而坏、生而灭的过程中；无论是质的集散，质与能的转化，大家都知物质是不灭（是存在的意思，不是没有生灭现象）的。有情的心识，并不是物质所产生，不过依物质而显现它的作用。人死了，生理机构解体了，一向生灭不已的心识，灭而不再生起，然而并非等于没有。因缘和合时，前灭的心识，又为缘而引起心识的生灭相续。如从物质不灭的定律，撇开唯物论的谬见，信受心识的不灭（灭而不无，灭而为缘能生的存在），那么对于生命的延续不已，顺理成章的会确信起来。有了生命延续的信念，自能树立光明的人生观，充满活力，而努力于新生命的创造。

凡是存在的，离不了时间的特性。时间如箭头一样，一端向前指，一端向后指；时间就是前后性的别名，是离不了过去、现在与未来的。任何事物，都离不了时间性的范围。如说没有过去而只有现在，或虽有现在而没有未来，这是不合理的。物质离不了三世，心识与生命的存在，也同样的贯彻三世。在没有现起——现在的——以前，或起而即灭以后，即使觉察不到他的存在，他还是有的。不会凭空的从无而有，也不会从有而成为什么都没有。所以如不信生命与心识的通于三世——前后，即失去时间的特性，等于否定了生命的存在。然而生命是现实的存在，不容许否认，那怎能没有过去与未来呢？

因果，在世俗谛中，是一般所公认的。佛法所说的因果，虽有同时的,而主要为前能起后,前前影响后后的因果。如做了一件事,说了什么话,会引起或大或小、或是或非的影响力,这就是因果。如在家庭中,所作所说,或是正当的,或是错误的,每直接地影响家庭(及家庭的某人)。家人受了言行的影响,成为某种行动,就影响到社会、国家了。然而,最主要的,还是影响自己,而一般人却非常忽略。要知每一行动,不但向外而影响于他,又必内向而影响于自己。如我国军政的某一举措,不但影响国际,必深切地影响自己的国家。这样,如一家的事件,可以影响社会,影响国家,而更有关于自己的家庭。同样的,个人的言行,当然要影响于家庭、社会、国家,而必然影响于自身。我们或善或恶的种种言行,都由内心的活动,而引发身语的活动;对他引起影响时,当下即引起自己身心的影响,成为一种潜力,成为未来的因缘。如能深信这自己身心所起的对自己的影响力,就能信解开创未来生命的动力来源。我们有意识的(或善或恶的)行动,必然影响自己,由自身受其后果。死了并非完了,生前所有的善恶业力,还需要自己负责。这就不能不承认生命的延续,从现生而向来生,否则道德的责任,便无从安立。

　　生命延续——从前生到后世的信念,最好是大家来反省一下:自己希望未来是没有的吗?相信自己一死就没有了吗?当想到自己未来是断灭时,心中会有一种空虚与幻灭的难过。人人都有生命延续的爱著;尽管你以为死了完了,而内心——下意识却并不如此。年轻体健的,对于死从来就不会重视,自己会死,这简直是不可想像的。然而如真的要死,就会现出生命爱恋的悲哀。一个病重的人,每每是不断地发问:太阳出了没有?天还没有黑吗？他在病痛缠绵中,意识到死亡的威胁,总是希望能够转好,希望拖过一个时间,生命又会延续下去。佛法说:有情对于生命的爱恋是超过一切的。如现有的生命要濒临死亡时,心中就引起极大的怖畏、悲哀,这特别是恶人。到了真的活不下去,又会希望未来的存在。所以,有情的延续于未来,死了并非没有,这是一切人所同感的。有他的事实依据,有他的心理要求,不过或者解说得错误(如神我论等)而已。

生命是一期一期地不断展开,生死未尽,会无限地延续下去。凡夫是不断地流转;圣贤是不断地进化,一直到成佛而后已。如我国民间的祭祀祖宗,不但是儿女的纪念他,也出于父祖等还是存在的信念。如死了就是没有,祭祖宗的慎终追远,岂非多事!会如此普遍、如此悠久地流传下来吗?所以,如能反省身心,确信精神与生命的延续,体察深彻的生存意欲,相信对于三世延续的生命观,如不是庸俗的唯物论者,谁都会自然地承认他。

五　流转者谁

这是不易明白的道理。一般的意见,生命的三世流转总应该有一不变的主体——称之为我、为灵,这才能由前生到现在,由现在到来生。如没有不变的主体,会觉得前后是中断了。所以佛法中,也有"不可说我"、"真我"、"真心"等通俗学派。然依佛法的特胜义,三世流转,是成立于无常、无我的缘起观上。肯定一切的物质、精神、生命,都在息息变化中,没有丝毫是不变的。在无常、无我的身心活动中,生命是延续(不常)不断的。因为所作的一切,虽然灭入过去,但并不等于没有。对于身心的影响力——业力,是决定存在的。这等于说:所作所为的一切行为,转化为"动能"而不失。等到现有的生命变坏了,似乎中断,而存在的"动能"——业力,却引发而开展为新的身心活动,新的生命。前一生并不就是后一生,面目全非,如从身心等去看,没有不变的。但前因与后果,前一身心系与后一身心系,却有着密切的关系。

譬如:一个国家,有好几个政党(这如此一身活动,有不同的业系),政见都有不同。现在由甲党执政,依据甲党的政见,而作成政治的措施。其他的在野党,虽有多少影响,而不能实现他们的主张。等到一期任满,各党都大肆活动。如由乙党获得被选,那甲党当然退开了,甚至改组或解散了,出现了新的政治,一切政制都有新的部署。前一与后一,彼此衔接,而内容却大大地变化。在这样的变革中,前一代的举措仍深刻地影响到现在;虽大大变化,而终究为同一国政的延续。佛法的三世延续,并非有一不变的主体,一切都在生灭不居。这只是某一业系得势了,出现一身心和合的单位;其他的业力,新起的业力,暂不能起用。等到旧有生命告一段落,复杂繁多的业系中,另一业系感得了新的身心,新的生命。由于业力的善恶,造成了堕落与增进的不同。这样的无常、无我的生命观,哪里会有实体的东西?

又如一所学校,校长去了,教员解聘了,学生都毕业而去了。新的校长、教师、学生,却还是那所学校。从前的校誉、校风,也还多少延续下来。甚至这所学校迁移到另一地带,校舍也新建了,但还是那所学校,与从前有着深切的关系。一次次的毕业生,还称那学校为母校。前不就是后者,后不就是前者,一切都变了,却还是同一学校,成为不断的延续。佛法所说的生死流转,三世延续,要这样去理解。

六　生命的光光之网

一般人,把宇宙和社会,看作生生不已的,从宇宙人生的观点来看个人。佛法却不能如此,佛法着重在一一人类,着重在一一有情识活动的有情。肯定每一人,每一有情,成一生命单位,在三世的因果中不断地延续,不断地死而又生。因此,有人误会佛法是多元论。不知道,佛法是:一面肯定无始以来,就有这一切有情的延续;一面又肯定此一切有情,并无不变与独存的主体。所以,这是相对的生命单位,虽营为个别的活动,而其实是:身心在不断变化中,并没有什么是此而非彼的;有情在互相关联、互相依存中,并没有谁可以离开其他的有情而能独立存在的,这哪里可以说是多元?

一一有情——生命,是无常的、无我的,所以在前后延续、彼此相关的活动中,有情与有情间,现出共同的生命形态。如由于男女的结合,生男育女,父母与儿女间,成为繁衍的种族(家族)生命。又如由家族而成社会、国家,因各阶层的合作与协调,延续为和谐而活跃的国家生命。但这都依于(约人类说)每一人的生命延续而成立,每人是生生不已的生之核心。这等于灯烛一样,多少灯烛集合在一起,发现为非常明亮的光度。如光从隐蔽处现出,也许要误会为有一大灯,放射大光,而不知这只是多少灯烛,别别放射而成的光网。

自然界的山河大地、草木丛林,佛说它是无情,是没有情识的,没有命根的。但由于一切有情的"业增上力",这些无情物,也现起无意识的生命形态。这些并不是生命当体,有情才是生命的核心。有情的共同业增上力,影响无情而现有生命相,这等于光明四照,一切物都笼罩在光明中一样。

不这样去理解,从宇宙或社会全体去说生生不已,可说是本末颠倒,错误之极!结果是重外而轻内,重整体而轻视个体,陷于非宗教的。他们相信物质不灭,相信社会价值,而忽视个己生命的不灭,忽视个人的道德价值。他们会着重于外界的改造,而忽略自我的革新。结果,这不是唯物论,就是唯物论的同路人。佛教的信徒,着重于每一有情的生生不已,确信每一有情的行为价值,从自作自受到共作共受,从人类的展转增上,互助共存,实现社会的进步。由于人类(有情)自身的"和乐善生",而全宇宙的一切,都充满和谐活泼的生意。

七 生命的爱悦与悲哀

生命,在三世流转中,是无限的因果网络;每一有情,活像网结一样。生,是任何人都喜悦的,都希望过着快意的生活,可是现实世间,并不尽如理想,横梗在前面的是许多困难、烦闷。老实说,人类的生命还是苦多乐少。依佛法说,有情有情爱的特性,本不是尽善的,含有矛盾的特性。人类的苦痛、烦闷、恐怖、悲哀、失望,都是与生命俱来的。凭你怎样的讴歌生命,赞美生命的光明远景,而生命的缺陷,永远是不可避免的事实。自身,无论怎样爱护他,他还是一死了事。人事与物质的境遇,无论怎样的和谐丰富,而夹杂在里面的,却到处是不自在。不如意事常八九,悲哀而又要爱好他,而且是唯一爱好的对象。人生,有情的生命,矛盾! 矛盾!

在这又可爱、又讨厌的生命现实中,我们第一要著,是止恶而向善,使自我在三世的延续中,趋向于进步的前途。再进一步,修学出世法——戒、定、慧,对于不彻底的、充满缺陷的生命,作一番彻底的改造,彻底解除苦痛,把三世流转的生命,净化而成为究竟圆满的生命。

三　心为一切法的主导者

今天,我想以这个题目——心为一切法的主导者,说明宇宙人生间的事事物物当中,心是占着领导作用的。

现代的科学,非常发达,甚至有征服太空的威力,成就极大,可说对人类社会大有贡献。可是我们所感到的,恰恰相反。大家都心里明白,全人类的苦痛,正在有加无已。每个人的精神上,感到威胁,特别紧张。所以物质科学的发明,给了我们多少好处,但坏处也着实不少。

依佛法说,一切法都依心的关系而存在,特别是人类的一切活动,都是以心做主宰、做领导的。因此,如偏重于物质科学的发展,自然的制驭,而忘却对于本身,对于自心的征服、改造,那结果一定是:物质科学的发展成就,都成为增加苦痛的因素。要知道世间不论什么东西,只要善于运用,无一不是好的。不但一般所知道的好东西,是有用的,甚至一根毒草,一片枯叶,人们看为没价值的东西,都是有用的。可是,如不能善于运用,一切都可成为有害我们的东西。心,便是运用这一切的主导者。所以但求外物的发展,而不从主宰事物的心识方面去求改造,不能善用外物,这在佛教看来,乃至各宗教看来,必然没有好结果的。

这不是说，不要物质的进步，而是说，要我们的心能善于用物。所以，心在宇宙人生中的主宰性、重要性，我们必须加强认识！

一　一切法与心简说

现在，把一切法与心的意义，先作简单的解说。"一切法"，简单地说，就是一切事理，一切事物，以及事事物物的法则、条理，凡成为我们的认识对象，是我们所能了解到的一切，叫做一切法。什么叫"心"呢？在佛法中，心，也叫意，也叫识，这就是我们自己所感觉到的精神作用；当然更有我们不易感觉到的，更微细的心识，如近人所说的"潜意识""下意识"之类。

说到这心与一切法的关系，在佛法上，有着似乎不同的说法，实则是一贯的，只是从不同立场，作不同的说明而已。如这个善导寺，站在这边看是这样，站在那边看，就又是一样。如同是一个景物，所取角度不同，便摄成不同样的镜头。佛法对心与一切法的关系，也是如此，所以应分别来解说。

一、静止的类别的看法：先说从静止的观点，作综合的、分析的、类别的看法。在综合的分类中，主要的简分为二类：（一）有情，（二）无情。什么是无情类？大如地球、星球，小如一茎草、一滴、一尘，都是。佛法常说：草木丛林、山河大地，是无情，这都是没有精神作用的，也就是没有自觉作用的。什么是有情类？人类，乃至最小的虫蚁，或巨大的鲸鱼恐龙之类，凡是有精神作用的，有自觉作用的，叫做有情。这是佛法对宇宙万有的最基本的分类法。平常说一切为有生命与无生命二类，把草木等看作有生命的。但草木蔬果等，并无自觉的精神作用，这是不能称为有情命的。神教徒把一般动物，看为没有灵的，与人完全不同。佛法也不能同情这种看法，事实上，动物只是心识的智能低一些；在某些方面，有的比人还强呢！所以佛法分有情及无情二类，界说最清楚，而又赅括了一切。

此外，更有近于科学的，分析的分类法。这是把物质分析到最细，有名为"极微"的。心识，也同样的分析成种种识，种种心所（心所有的作用）。依佛法，有五蕴、六界、六处的分类法，都表示了物质与精神的两大类别。如五蕴是色、受、想、行、识，色是物质的，受、想、行、识是精神的。地、水、火、风、空、识叫六界，前五种是物质的，识是精神的。六处是眼、耳、鼻、舌、身、意，前五是物质的、生理的，意是心理的。所以，依佛法的分类，世间万有，不外乎精神与物质而已。《新唯识论》的作者说：佛法原有二元论的看法。其实，这是依一般常识，从静止的、分析的看法而说，但佛法还有从动的、相关的看法。所以有此二类是对的，但是否有绝对各别的二元，还是应该讨论的。

二、机动的相关的看法：从一切机动的相关的去看，物质与精神，在有情方面，显然是不能各自分立的。经中最有名的两句话是："识缘名色，名色缘识。"识是主观的精神作用；名色是物质及精神的客观化；缘是依的意思。一般把四肢百骸和精神作用，看成两种独立体，这是静止的、机械的看法。在佛法相关的看法中，如我们的身体，若没有精神作用，即成为死物。反过来说，若身体崩坏了，精神也无从表现。所以精神与物质，心理与生理，有着相互依存的关系，是不可分割独存的。有譬喻说：房屋失火了,里面住着两个人,一是瞎子,一是跛子。瞎子不知道应该向哪边走;跛子是知道的,却不会走。两人想出了好办法,跛子利用瞎子的双脚,瞎子利用跛子的眼睛,瞎子背着跛子走,便平安地脱离了火险。这譬如说:身体没有精神,是不能活动的;精神没有身体,也是不能有所作用的。彼此间的关系,实在是如此的密切。所以,心与身,精神与物质,互相依存,有情的一切活动才能表现出来。

以上是约同时的关系说,若约前后的关系说,精神的作用还要加强。经上说:"意为前导","识缘名色"。在一切法中,不但有精神的关系,而且精神有着领导作用。即是说:精神与物质,不但有互相依存的关系,而且是以精神为主导的。一般都说佛法是唯心论,"三界唯心"、"万法唯识"成为大家的口头禅了。如依佛法的义学说,无论大乘或小乘,不一定说唯心或唯识的。如约一切法依心的转变而转变,无论是直接的、间接的、显著的、隐微的,这种由心论,却是大小学派所公认的。现在,且依众所公认的由心论来说。

二　心为一切法的要因

器界的山河大地,草木丛林;报体的眼、耳、鼻、舌、身、意诸根;以及心、心所法等,总名一切法。心与一切法,到底有什么关系呢?应肯定地说,心与一切法,有密切的关系,而且很重要的。

佛说:一切法都是因缘所生的。因缘的含义,就是原因、条件或关系。世间万事万物,依于各种因素、关系,才能存在,才能现起。如这座房子,必依砖瓦木石人工等因缘,才能现起。类推一切事物,都无不如此,没有一法不从因缘生的。如说有不必依因缘现起的,自然而有,独立存在的,佛法决不同意这种见解,因为随观任何事物,决无离了因缘而能成立的。上面说过:若缺乏生理(根)的因缘,精神是不能现起作用的。如身体而没有心识,也就变坏而不成为活的了。又如眼能见色,要依眼识等因缘,才能成为认识;乃至一草、一沙、一石,都依不同的因缘而得成立。就是把物质分析为极微细的,如电子,也还是因缘和合体。这一理论,不但佛法彻底地说,近代世间的学者,也是不能不承认的。除了神的迷信者,才会相信有自成、自有的神,不需要因缘的神迹。

一切法依他因缘而存在,在这种种因缘——他中,有特别重要的、不能缺少的条件,这就是心。换句话说,一切法不离心的关系,缺了心识的因素,是不能存在得如此的。说到心为因缘,意义并不单纯,然在依心(他)而起中,有一最重要的,就是一切依识而安立。这是说,一切法的存在,存在得如此,是经过我们的心识作用:如我们的心识不如此,那大家认为如此的东西,也就并不如此了。举例说吧!我们依眼发识的辨色力,大家是差不多的。看见花色的红黄紫白,花形的大小,大家都相同,所以觉得那花是决定如此的。如人的(眼)根识起了变化,或眼根与一般人不同,他就不会见到常人所见的颜色,或一般见为红而他以为是灰色的。或大家见到花态很平正,而他见到是歪曲的,不圆正的。如这样,大家就会说他是病态,或称他为色盲。在人类,不能不尊重共同的一般认识(世俗谛)。如大家说是红的,那人也只好承认是红的,而认为自己错了。但在畜生就不同,如牛不能见红色,只能见灰黄色。如有一只牛而见是红色的,在牛类的共同意识下,它也只好自认是病态了! 但到底是什么颜色呢? 实在不能离认识而决定。还有些人,心理起了变化,别人所觉得好的、快乐的,他却觉得是讨厌的、苦痛的。或者,他人没有见到听到,他却见到听到了! 当然,在人类的共同认识中,他又是病态了。其实,也许并不如此。所以大家所认识到的,以为千真万确,其实都成立于共同的认识之上。如在认识不同的人,或另一类,如畜生,如鬼,如天,那我们所认为实在如此的,也就成为不如此而如彼了。所以说,一切法依识(他)而安立。若心识起了变化,认识到的外境也就不同。这点,世间是有不少可以证明的。比方火,对于常人是热的,会灼伤皮肉的,可是有些巫术师,走在红红的火坑上,并不觉痛,也不会灼伤。这便是心识变化,而影响于根(身体)境(外界)的关系所致。所以佛法说:我们觉得如此如彼,都与心识有不可离的关系。可以说:心识为(种种因缘中的遍)因,事物是果。心与外境,有着因果不相离的关系,那么心如变化,外境也就变化了。如一个公司,很多人合股所成,如有人需要拆股,大则影响公司的存在,小也引起人事或事业上的变化。心为一切事物如此存在的因素,当然要影响一切了。大家试想想:在我们所知的一切法中,可以找出没有心的关系而能如此的吗?

三　心能影响报体之实例

一、约影响现在说:报体,就是我们的身体。现在的报体,由前生业力所招感；出生以后，受着父母的抚育，饮食的营养，长大而成熟。在这一生中，我们的报体，可能在业力局限内，起着很大的变化，这就有随心识的变化而变化的成分。拿相貌来说吧！我国有一俗语说："心能修（补）相。"此语实有道理，且说一个西洋的故事为例。有想画耶稣像的，想找一位相貌顶好的，生得慈祥、高贵、强毅、公正、纯洁，能表现耶稣美德的做模特儿。后来，居然得到了一位相貌非常端严的青年；画家达到了目的，不消说，那青年也得到了一笔可观的代价。过了几年，那画家又想画一魔王像。魔王的相貌，当然是要丑恶、凶暴，使人见而生畏的。于是到死牢里去，找一位这样相貌的做模特儿。找到了，有钱可拿，死囚也愿意，画家又达到了目的。可是后来发现了，这个魔王模特儿，竟然就是从前找到的那位耶稣。同是一人，相貌怎么会变得如此远呢？原来他上次赚了一笔钱，便奢侈，浪漫，花天酒地，无所不为。因此，渐渐堕落了；钱用完了，便沦为流氓、土匪；被捕又越狱，作恶又被捕，几次三番，他的心变成凶狠险恶，相貌也跟着完全变了。这类事实，我国也有很多故事，这不就是心识影响报体的例证吗？近见报上说：太太小姐们，天天在讲究美容，希望保持青春或增加美丽。美容专家却警告说：不发脾气，内心和悦，笑颜常开，比什么美容法都有效。否则，常发脾气，眼睛一瞪，眉毛一皱，脸肉一横；或者忧郁悲伤；由于内心的恶化影响面部的表情，久之什么美容术都等于零了。这不是心识能影响报体的例证吗？

　　二、约影响未来说：心能影响未来的报体，比较难以了解，但从现有的知识推论，也可知道一点。一次，佛和弟子们在园林中,无数的鸟儿上下飞鸣,生着各种的美色羽毛。弟子们问佛:鸟类的羽毛,为什么有这各各不同的颜色?佛简要地答:"心种种故色种种。"我们想想,这句话是什么意义呢?据动物学者的证实:凡是生着红黄翠白各色羽毛的小鸟,它们必有认辨各种颜色的能力。牛只能辨认灰黄色,它的毛色也就是灰黄的。这可见,由于它们认识什么,所以影响报体,生成什么颜色。很多昆虫,都生有保护色:如住在青草丛中的,生成青色;生在土堆中的,生成土色。更有保护态:住在树上的,有些像树枝一样,有的简直像一片树叶。这些,更可以证明此理:因为住在那个环境中,对该环境的色彩及形态有深切认识,而引起了与它一样,以便掩护自己的意欲;身体便跟着而起变化,颜色像它,形态也像它。由于心有种种差别,所以身色也有种种差别,这不是佛说的证明吗?唯物论者以为物质决定一切,其实如不经认识作用,没有引起与它同类,以便掩护自己的意欲,怎么也不会影响报体而有所改变的。佛说"心种种故色种种",说明了由心识的要求而影响报体的变化。这虽是从动物的种类,代代相传,前后的影响而说;但众生自体,从前生到后生,受到心识的决定影响,也可从这种推论而信解。我们未来的报体,实受着现在心识作用的决定影响,那么,我们现在的报体,受有前生心识所影响,也可以信解了。

四　心为行为善恶之决定者

行为,且指人对人对事的一切活动说。依佛法说,包括了身体、语言（及文字）及内心的活动。身语的动作，有善的，有恶的。另有无所谓善恶的，叫做无记，如举起这杯子的动作，就是不可记别为善恶的。在对人对事方面，有善与恶的差别。凡与人有益的，受到国家奖励的，社会所称赞的，则是善的、道德的。反之，如与人有害的，则是恶的、不道德的。行为的所以成为善恶，必由内心来影响他。我的故乡，如称人为老太婆，这是不尊重的、轻蔑的话。但在川贵一带，称她一声老太婆，那是恭维她，使她高兴的。同样的一句话，因轻蔑或尊敬的不同，意义完全两样。有时，同是一句话，可以是善，也可以是恶，经善意或恶意的引发而出，听来便有好与坏的不同感觉。所以善与恶，不单在这些语文上，如将语句分析为单字单音，每失去善恶的意义。可是在善意与恶意的引发下，字语连结成句而表达出来，就成为善的恶的了。身体的动作也一样，如打人，当然是不好的。但慈母训子，不得已而打他，实在她自己比儿子还要痛心。所以限度内的管教，不能说他是恶的。又如孩子们，模仿性很强，听见别人骂，他也学着骂，但毫无恶意，即不能说是恶的。故法律对未成年的童犯，不加处罚；处罚，也极为轻微，而且是教育性的。故意去做的善事，定得善报；故意去做坏事，必受到法律的制裁，来生的恶报。若无心作恶，虽有过失，受的惩罚也轻微；无心做的善事，道德价值也低。所以行为从内心而引发，一般的要经两个阶段。先考虑，其次决定，然后发为动作——动身、动口或动笔，便有善恶的价值。行为的善恶，主要决定于内心，所以法律对于犯法者，必审查其动机，为预谋还是偶发，这与佛法的见解大体一致。更要知道，不但内心有善的恶的，行为的本身也就是善恶的。因为,语文及身体的动作,已有心为因缘,有了心的成分,渗入了善心成善事,恶心所引起的成恶事。这可见行为的善恶,都由于心力;所以要劝人向善行善,要教人从心地改造起。

五　从禅定说明心对根身之主宰力

禅定,佛法中有,印度的瑜伽、中国的道教,都有或深或浅的修验。不过,自禅宗兴盛以后,以悟入为主,少有甚深禅定的修验了。本人并没有经验,但由于亲见亲闻的事也不少,故略有所知。去年,我到泰国去,在大宗派的寺院里,亲见一位潮州籍的和尚表演入定。坐下来,不到一分钟,就入了定。把他的手举起,他就一直举着,不觉疲累。

我们的身手动作,大都是由心意的引发而使令的。但如我们的呼吸,不能叫它停止,体内的血脉流通、内脏及内部的筋肉,都是一般心力所不能控制的,只有听其自然而已。但在修禅定的,就有能力控制它。用什么方法呢? 不外是把心力集中起来,不让它纷乱散动地到别处去,心就逐渐安定下来。心定了,便会使我们的身心发生不寻常的现象,或发生超常的力量。诸位如有修定的,或有多少经验的,对于内心的主宰根身,一定有良好的信心。根身,就是我们的身体,包括内部,都可由心力来控制它,主使它。我常说一个譬喻:烧开水的,若把壶盖打开,让蒸汽四散,那便毫无力量。若蒸汽不散,力量集中,水汽便会发大力,把壶盖冲脱了。应用这一原理,能使汽力开动轮船与火车。我们的心力小,只是纷乱散动。散乱或昏沉重的,连普通的道理也听不懂,记不住。如能以定而集中心力,不散乱,不昏沉,便会现出无比的力量。

禅定主宰根身的力量及过程,正与医学上施用麻醉药的情形相同。施用手术的,以麻醉剂使患者的身心部分停止活动。先是忆想不起,大脑的记忆失去了。其次,苦乐的感觉也失去,那正是动手开刀的时候。在动手术过程中,有呼吸,也有脉搏。等到手术成功,麻醉力消失,苦痛的感觉来了,忆念也来了。假使在手术过程中,忽然呼吸停顿,脉搏停止,那就手术失败,生命也就完了。这个过程,与禅者入定,恰好相合。若修至初禅,眼不见,耳不闻,但意识还相当活动,还有思想忆念。修到二禅,"无寻无伺",忆想就没有了(这是定境的无分别)。修到四禅,没有苦痛也没有快乐的感觉,那时"身行"的呼吸停止了。修到空无边处,身体的温度也低落而冷了。可是,那时的定心还是存在的。等到要从定起,心一动,温度增加,呼吸也来了,苦乐的感觉,思想的活动,一切回复如故。那些修定纯熟,到了"超作意位",一念间就入了定,比麻醉剂优胜而迅速得多。麻醉剂,只是以物理来影响生理;一旦分量过重过轻,或引起生理上的突然变化,依于肺脏的呼吸,依于心脏的脉搏停止,就会死亡。可是修禅定的,是以心理来影响生理,呼吸虽停顿了,脉搏或温度都没有了,却并不会死。或有人怀疑:呼吸、脉搏停止,人都冷了,哪有不死之理?其实不足为奇。据科学的实验,把人突放到极冷的地方,全身冻僵了,与死人一样。可是取回放在暖处,慢慢地使他温暖起来,仍可回复生机。可见呼吸、脉搏的停止,不一定是死的,只要内部没有破坏。依佛法说,只要"识不离身",仍是活着的。

这些奇异的事实,从禅定而发生,还有种种可说,但在佛法中,估价并不太高,因为无论修到怎样深,定是不能了脱生死的。但修定的过程是事实,如依定而修发真智慧,那就非常重要了!外道的修精炼气,也不外乎心力集中,引起身心的变化。由这些例证看来,大家应该相信,自己的心力,实在强大得很!

六　心对身外事物的影响

上面所说的,心对根身的主宰力,心为善恶的发动,以及心能影响报体等,都着重在心与有情的身心组织,现在要说心对于身外事物之影响力。如本寺的建筑,周围马路的施设,都市计划等,都依人的心力来决定。如最近发明的人造卫星,核子爆炸,火箭等,看来是外物,似乎与心无关。可是研究起来,只是由于某类人心的需要,才不断地发明出来。追问人心有什么需要,不消说,主要是为了战争,为了控制,为了夺取,这才集中心力,向这方面深入,就一样样的发明出来。依于不同的要求,就开展不同方面的知识,引出不同的行动,不同的成就。如市中忽发生一宗为经济而自杀的命案,立刻就有好多人来探究:记者志在采访新闻,知道事情发生的情形就够了;刑警却还要查询,为什么自杀,是否还有他杀的因素;经济学者,看出了经济问题;社会局还要注意,如何防止同样事件的发生;死者家属,当然又是另一心境。随人心的反应欲求不同,于同样的事情,就有不同的工作,引出不同的成就。推论之,世间所有一切文化活动、科学进步等,都依于心力的推进。

不但如此，就是一地区、一国家、一世界的苦乐，世界的治乱与安危，都依于心力而造成。假使，人心大家向善，重道德，守法令，此世界就会转成和乐清净的世界。反之，多数向恶，不重道德，不守法令，便会变成暴戾的秽恶世界。所以佛经说："心净则国土净。"举小例大来说吧！从前，青岛受德人租借管理时期，卫生的情形极好；管理卫生事项的，不过十人左右而已。等到日人占了青岛，用几十人来管理卫生工作，反而不如以前了。后来交还自主，大大小小的卫生官越来越多，结果却越来越糟。这不是由于人的心力不同吗？我们的心力，不但能使身体起变化，对外界的环境也能起着重要的影响，甚至使整个世界完全改观。心力是能转移环境的，能使它转好，也可能转坏。不过如转向丑恶苦恼，那就不堪设想了。我们一般所能了解的，心的力量，要通过我们的身体、手足，才能改变环境，但心力如达到更高阶段，也可以不经过物质的手足等劳动而能影响外界的。

七　结　说

不单是佛法重视心的力量，凡尊重宗教、重视道德的，也都会重视心力的。人类都需要和平、安乐，就必须重视这心的力量。如大家忽视它，一味着重外物环境的发展，而不改进自心，那就永远达不到目的。古人有比喻说：如一辆牛车，停着不动，应该打牛呢？还是打车？当然，应该打牛，牛觉痛就走；牛一走，车就跟着前进了。这是说：要求环境变化，世界和平，先要着重内心的改善。现代的人类，可说越来越聪明啦！种种的发明、制造,日新月异。千万里外的事情,不但可以听到,还可以看见。现在正向征服太空、占领月球前进,有的已在做买卖月球地产的生意了。人类的心力,不能不说大大的开展,但到底为了什么呢?大家都知道:不是为了战争优势,世界控制权的加强,便是为了开辟财源。大家争先恐后地向这条路跑,忘却了自心的改善,这无怪乎表面看来,世界越来越进步,而其实是越来越紧张,越来越恐怖了!

我们的心,若向智慧,向慈悲,向光明,向和平,便会领导行为向善道走;报体也改善了,世界也造成清净与安乐。反之,大家的心专向于物质的征服,引发残酷、斗争,结果,我们并不曾征服物质,而被物质所奴役了;随物所转,不能转物。如打秋千一样,满以为自己把秋千转得那么高,自鸣得意,而不知自己正被秋千所转,不留心,就会被摔得重伤。

这里,我想总结为两点:一、专向物质求进步,求满足,结果必被物所转,不会得到真正的幸福。二、佛法的目的,要从心的净化,引发行为的清净,影响报体,趋向世界的清净。佛法以外,印度各教派、我国儒道等学说,一向都重视心力,注重心力的集中,德性的涵养。所以,认识心的主宰力,给予改善,合理地扩展,可说是东方精神的重点。现在略讲这一问题,希望大家来倾向于自心的改进,一致向上、向善、向慈悲的正道而前进,来改变现代倾向外物的偏差,挽救向恶、向愚、向邪、向斗争的唯物扩张的厄运。

(慧莹记)

四　学佛三要

一　信愿·慈悲·智慧

　　佛法,非常的高深,非常的广大!太深了,太广了,一般人摸不清门径,真不知道从哪里学起。然而,佛法决不是杂乱无章的,自有它一以贯之的、秩然不乱的宗要。古来圣者说:一切法门——方便的,究竟的,方便的方便,究竟的究竟,无非为了引导我们趣入佛乘。或是回邪向正的(五乘法),或是回缚向脱的(三乘法),或是回小向大的(一乘法):诸佛出世,无非为了此"大事因缘",随顺众生的根机而浅说深说,横说竖说。所以从学佛的立场说,一切法门,都可说是菩萨的修学历程,成佛的菩提正道。由于不同的时节因缘(时代性),不同的根性习尚,适应众生的修学方法,不免有千差万别。然如从不同的方法而进求它的实质,即会明白:佛法决非万别千差,而是可以三句义来统摄的,统摄而会归于一道的。不但一大乘如此,五乘与三乘也如此。所以今称之为"学佛三要",即学佛的三大心要,或统摄一切学佛法门的三大纲要。

　　什么是三要？如《大般若经》说："一切智智相应作意，大悲为上首，无所得为方便。"《大般若经》着重于广明菩萨的学行。菩萨应该遍学一切法门，而一切法门（不外乎修福修慧），都要依此三句义来修学。一切依此而学；一切修学，也是为了圆满成就此三德。所以，这实在是菩萨学行的肝心！古人说得好："失之则八万法藏冥若夜游，得之则十二部经如对白日。"

　　一、一切智智或名无上菩提，是以正觉为本的究竟圆满的佛德。学者的心心念念，与无上菩提相应。信得诸佛确实有无上菩提，无上菩提确实有殊胜德相，无边德用。信得无上菩提，而生起对于无上菩提的"愿乐"，发心求证无上菩提。这一切智智的相应作意，即菩提（信）愿——愿菩提心的别名。二、大悲，简要说为悲，中说为慈悲，广说为慈悲喜舍。见众生的苦痛而想度脱他，是悲；见众生的没有福乐而想成就他，是慈。菩萨的种种修学，从慈悲心出发，以慈悲心为前提。"菩萨但从大悲生，不从余善生。"没有慈悲，一切福德智慧，都算不得菩萨行。所以，大（慈）悲心，实在是菩萨行的心中之心！三、无所得是般若慧，不住一切相的真（胜义）空见。孕育于悲愿中而成长的空慧，不是沉空滞寂，是善巧的大方便。有了这，才能成就慈悲行，才能成就无上菩提果。所以，这三句是菩提愿、大悲心、性空慧，为菩萨道的真实内容，菩萨所以成为菩萨的真实功德！

　　从菩萨学行的特胜说，大菩提愿、大慈悲心、大般若慧，是超过一切人天二乘的。然从含摄一切善法说，那么人天行中，是"希圣希天"，对于"真美善"的思慕。二乘行中，是向涅槃（菩提）的正法欲——出离心。菩萨行即大菩提愿。又，人天行中，是"众生缘慈"。二乘行中,是"法缘慈"。菩萨行即"无所缘慈"。又,人天行中,是世俗智慧。二乘行中,是偏真智慧。菩萨行即无分别智(无分别根本智,无分别后得智)。从对境所起的心行来说,非常不同;如从心行的性质来说,这不外乎信愿、慈悲、智慧。所以菩萨行的三大宗要,超胜一切,又含容得世出世间一切善法,会归于一菩萨行。

法体	人天行	二乘	菩萨行
信愿	希圣希天	出离心	菩提愿
慈悲	众生缘慈	法缘慈	慈悲心
智慧	世俗智慧	偏真智慧	般若智

我们发心学佛,不论在家出家,都要从菩萨心行去修学,学菩萨才能成佛。菩萨行的真实功德,是所说的三大心要。我们应反省自问:我修习了没有? 我向这三方面去修学没有? 如没有也算修学大乘的菩萨吗? 我们要自己警策自己,向菩萨看齐!

二　儒·耶·佛

菩萨学行的宗要,是大乘的信愿、慈悲、智慧。这本是依人心的本能而净化深化,所以世间也有多少类似的。然每每执一概全,或得此失彼,不能完美地具足,这可以从儒、耶等教来比观。

代表中国固有文化主流的儒宗,称智、仁、勇为三达德,为人类行道(修齐治平)的共通德性。大概地说:智近于智慧,仁近于慈悲,勇近于信愿。佛法中说:"信为欲依,欲为勤(精进)

依。"依止真切的信心,会引起真诚的愿欲。有真诚的愿欲,自
然会起勇猛精进的实行。由信而愿,由愿而勇进,为从信仰而生
力量的一贯发展。精进勇猛,虽是遍于一切善行的,但要从信愿
的引发而来。儒家过分着重庸常的人行,缺乏丰富的想像,信愿
难得真切,勇德也就不能充分地发挥。由于"希贤"、"希圣",由
于"天理"、"良心",由于"畏天命,畏圣人,畏大人之言":从此
信愿而来的"知耻近乎勇",难于普及到一般平民,也远不及"希
天"、"愿成佛道"的来得强而有力。在儒文——理学复兴陶冶
下的中国民族,日趋于萎靡衰弱;不能从信愿中策发勇德,缺乏
坚韧的、强毅的、生死以之的热忱。无论从人性的发扬、中国民
族的复兴来说,对于策发真切的信愿而重视勇德,为儒者值得首
先注意的要着。

　　代表西方近代精神的耶教(天主,基督)也有三要:信、望、
爱。耶教是神本的,信仰神,因信神而有希望,因神爱人而自己
也要爱人。一切以神为出发,当然与佛法相差很远。然大体的
说,信与望,等于信愿;爱近于慈悲。耶教所缺少的,是智慧。虽
然现在也有标榜合理的信仰,理性的信仰,而耶教的本质,在宗
教中是不重智慧的。亚当夏娃的偷食禁果,眼目明亮,代表着人
类的自觉,知识的开展。这在神教看来,是罪恶,是死亡的根源。
耶教与西方的正统文明,由于智识进展,科学的辉煌成就,开始
大动摇。科学与神教脱节,产生充满了宗教情绪——信愿,而进
行彻底反宗教的政治暴行。从人类的德性说,从中国与世界的
前途说,耶教德性的偏颇,非彻底改造,难于长存于进步社会的
人心。

佛教中,如来方便教化的声闻行,慈悲心未免薄弱。有重信的信行人,重智的法行人,而没有重悲的悲行人。这与耶教恰好相反,耶教重信爱而缺智慧,声闻行重信智而慈悲不足,都是偏而不圆备的。代表圆满而究竟的大乘菩萨行,以三义为菩萨学行的宗本,为不容疑的定论;儒家虽不够深广,而三达德的精神,与菩萨行最为相近。中国大乘佛教的净土宗(多少渊源于印度,而实完成于中国)也有三要:信、愿、行。信愿行的序列,实为依信起愿,依愿而勤行的过程。行是勤行,没有含摄慈悲与智慧。一分的净土行者,专以口称南无阿弥陀佛为行,不修智慧;慈悲行,也要等到很远的再来人间(娑婆)。从大乘的宗要去看,这是由于独到的偏颇发挥,忽略了大乘正道的完整性。净土宗传到日本,日本是典型的神的国家。净土宗适应它而蜕化为真宗,主张但凭信愿往生,连持名也认为不重要。这与因信得救的耶教,最为相近。然而,我们要知道,菩萨行的宗要,是信愿、慈悲、智慧的总和,完整的协调。

三　入门·登堂·入室

菩萨学行的三要,是不可顾此失彼的。然初学时,不妨从一门(或二门)而来。有的好为哲学、心理学、论理学等学理的探讨,接触到佛法,认识了佛法的正确深奥,因而发心学佛,这是从智慧门入。有的多为社会福利事业,乐于为善,与佛教的人事相接近,赞仰佛法的慈悲,因而发心学佛,这是从慈悲门入。有的崇仰三宝功德的不可思议,或由于佛菩萨的感应,因而发心学佛,这是从信愿门入。初学的从不同方便而来,是由于众生的根性不同。大概地说:贪行人从慈悲门入,嗔行人从智慧门入,痴行人从信愿门入。

然而,进入佛门,修学佛法,不能永远滞留于这样的阶段。如久学佛法,十年、廿年,老是这样,这会发生不良的后果。如声闻法中,有重信的信行人,重智的法行人,也不过由于根性的偏重不同,决非有信无智,或有智无信的。《大涅槃经》与《大毗婆沙论》都一致说到:"有信无智,增长愚痴,有智无信,增长邪见。"如但凭信仰而不求甚解,不修智慧,对于所信的三宝,所学的法门,莫名其妙,这不能得学佛的真实利益。这样的修学,在他们的心目中,信佛与鬼神崇拜,并无多大差别,不过是愚痴的信仰——迷信。现代的中国佛教界,也尽多这一流。如有智而无信,危险更大!龙树说:"信戒无基,忆想取一空,是为邪空。"邪见说空,拨无因果,都由于自作聪明,于三宝清净功德不能生净信而来。迷信的过失还小,邪见会令人堕地狱。这可见信与智一定要双修,不能偏失的。又如大乘中有智增上菩萨,悲增上菩萨,也只是增上(着重)而已。如有智无悲,有悲无智,根本不成菩萨行。就是悲智双修,如悲愿的功德力不足,而急急地求智证,求解脱,一定要堕落小乘。如慈悲心切而智慧不足,在菩萨的修学过程中,要成为"败坏菩萨",退堕凡外。因为离了无所得为方便,菩萨行是不会成就的。所以,初入佛门,虽可从一门而来;但想升阶登堂,学菩萨正行,必须三事齐修。这三者,能互相助成,互相推进,逐渐地引导行人,进入更高的阶段。

等到深入佛法的究竟奥室,三者是无二无别的一味圆满,无

所偏,也无所缺少。这或者名为大菩提,或者名为大涅槃,即是
究竟成佛。或者以为:佛法不妨一门深入,哪里一定要三事齐
修? 这是误会了! 如真能一门深入,必然了解一切功德的相关
性,相助相成的完整性。一门深入,只是从一门出发,以此一门
为中心而统摄一切,决非舍其他的功德而不修。我们学菩萨行,
求成佛果,难道佛与菩萨是有信无智、有智无悲的吗? 佛是一切
功德圆满的尊称,我们学佛,也应以佛德的崇高圆满为理想而向
前修学!

四　发心·修行·证得

　　真发菩提心,真修菩萨行,对于大乘要道的信愿、慈悲、智
慧,即使有些偏重,也必然是具足的。因为离了大乘的信愿,会
近于儒者的"仁"、"智"。离了大乘的慈悲,会同于声闻的
"信"、"智"。离了大乘的智慧,大体会同于耶教的"信"、"爱"。
真能表达佛教的真谛,成为人间的无上法门,唯有大乘菩萨
行——信愿、慈悲、智慧的总和,从相助相成而到达圆修圆证。
　　三事是不可偏缺的,然在修学过程中,有着一定的进修次
第;从重此而进向重彼,次第进修到完成的学程。从凡夫的心境
而开始修学,一定要知道先后次第。如夸谈圆融,一切一切,只
是口头爽快,事实会证明什么也不成就的。菩萨道的历程,经论
说得很多,大体可分为二道——般若道、方便道。凡夫初学菩萨
行,首先要发菩提心。发菩提心,才进入菩萨的学程,这是重于
信愿的。发心以后,进入修行阶段。菩萨行,以利他为主,修集

一切福德智慧,决不是但为自己,这是重于慈悲的。等到福智资粮具足,悲慧平等,这才能智证平等法性,那是重在般若(无生法忍)了。上来是菩萨般若道的进修过程——发心、修行、证得。般若的证入空性,在菩萨道的进修中,即是方便道的发心。这是胜义菩提心,信智合一,名为"证净"。此后,菩萨着重于度脱众生,庄严国土;着重于不离智慧的慈悲大行。到圆满时,究竟证得无上菩提——一切智智,也可说是智的证得。这是方便道的进修历程——发心、修行、智证。合此二道,一共有五位。这是菩萨进修的必然程序,值得我们学菩萨行的深切记取!

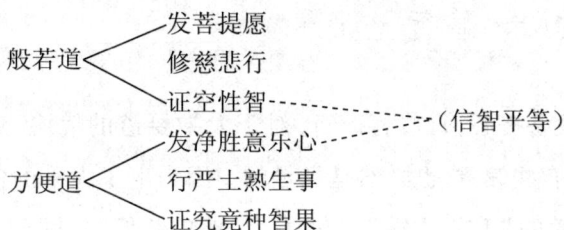

```
              发菩提愿
    般若道 <  修慈悲行
              证空性智 ┄┄┄┄┄┄┄┄┄┄┐
              发净胜意乐心 ┄┄┄┄┄┄┄┄┤ (信智平等)
    方便道 <  行严土熟生事        ┄┘
              证究竟种智果
```

这二道五位,也可总合为三:初一是发心,中三是修行(从悲行到智行,又从智行到悲行),后一是证果。然完备地说,这是从凡夫而到达佛果的过程,是三德的不断深化、净化,到达圆满。凡夫本是(愚妄的,有漏杂染的)意欲本位的。从凡夫地起信愿,经慈悲而入圣智。圣智也就是圣者的信愿(净胜意乐),这是经悲行的熏修、智行的净化,达到信智合一,为菩萨的信愿。依此菩萨的信愿(清净而还没有纯),再经慈悲广行的熏修,智慧的融冶,圆证得一切智智,也就是究竟的纯净的信愿。这才到达了智慧、慈悲、信愿的究竟圆满。从凡夫地,发心学菩萨行,无限深广,而实以此三为道的宗要。

五 念佛·吃素·诵经

信愿、慈悲、智慧,为菩萨行的宗要。无量法门的种种修习,即等于三要的进修。这是非常深广的,现在且说初学者的初方便。念佛、吃素、诵经,几乎是中国佛教徒的主要行持,而实是菩萨行的初方便之一。

念佛的意义与力用,当然不止一端,然主要在策发信愿。菩萨信愿,是发菩提心,一切智智相应作意。于无上菩提起信愿,并不容易。无上菩提是佛所圆证的,佛是无上菩提——一切智智的实证者。佛有无边相好,无边威力;有一切智慧,无比的慈悲。从修菩萨行以来,有种种不能说尽的、自利利他的功德。这样的崇仰佛,念念以佛(因佛说法,因佛法有僧,即摄尽三宝)为皈敬处,以佛为我们的理想模范。尊仰他的功德,感激他的慈悲;从此策发信愿而学佛,极为有力。大乘经广说念佛,赞叹发菩提心,都是着重于此。念佛,是念佛功德(智德、断德、恩德),念佛相好,念佛实相,念佛的清净世界。扩而充之,如礼佛,赞佛,供养佛,于佛前忏悔,随喜佛的功德,劝请佛说法及住世,这都是广义的念佛法门。《智度论》说:有菩萨以信(愿)精进入佛法,乐集佛功德。这是大乘中的信增上菩萨,为此别开易行道。然易行道也就是难行道(智、悲)的方便,所以《十住毗婆沙论》说:初学者,修念佛、忏悔、劝请等法,心得清净,信心增长,从此能修智慧、慈悲等深法。《起信论》说:"众生初学是法,欲求正信,其心怯弱",因此教他"专意念佛",可以"摄护信心",不致退失。念佛的第一义,在乎策发信愿,未生的令生,已生的不失、增长。念佛为心念——缘佛的功德而专念不舍,是策发信愿的妙方便。像一般的口头念佛,那是方便的方便了。

吃素,应正名为不食肉,这是中国佛教的传统美德。学佛,本不一定是不食肉的。如锡兰等南方佛教徒,藏区、日本佛教徒,都是肉食的。中国的一分佛教徒,以为吃素是小乘,大乘是不在乎的,这是根本错误! 不食肉,为大乘佛教——《楞伽经》、《涅槃经》、《央掘摩罗经》等所特别主张的。不食肉的意义与力用,当然也有种种,但主要为长养慈悲。如说:"食肉断大悲种。"菩萨应利济一切众生,救一切众生苦,而现在竟忍心去杀害它,吞食它,试问慈悲心何在? 菩萨行以慈悲为本,所以大乘法中,不食肉为当然的结论。消极的不食肉,积极的放生——救护众生命,实为长养悲心的方便行。

诵经,不求甚解地诵经,蓦直地诵下去,也是修行方便。这虽有别种功用,主要是引生智慧的前方便。智慧的修学(真般若是现证),有闻、思、修三慧,这又开为十正法行:书写、(经典的)供养、流传、听受、转读、教他、习诵、解说、思择、修习。前八行,都是闻慧与闻慧的方便。如从前的私塾,起初熟读熟背,其后才为他讲解,明了义理。不求甚解地诵经,如初学的熟读熟背,也可为进求义解的——闻慧的方便。

中国佛教徒所修的一般法门,念佛、吃素(放生)、诵经,确为菩萨行的初方便。这是初方便,为了增长大乘的信愿、慈悲、智慧而修学。然修学者,每以诵经为功德,反轻视义理的研究,这就失去了慧学方便的作用。素食放生的,尽管吃素放生,于现实人间的种种苦迫,少有能本着慈悲而起来救护。着重了爱护众生,忽略了爱护人类,本末颠倒,实由于不知意义,没有能长养慈悲。比较地说,念佛还多少能培养信心,但一般的流于迷信,少数的急求自了,真能由此而策发起上求佛道、下化众生的菩萨信愿,引出自利利他、为法为人的大愿精进,也就太难得了!念佛、吃素、诵经,是菩萨行的胜方便,但由于不求智慧,慈悲薄弱,偏于信仰,弄得善巧的方便法门,都不曾能尽到方便的功用。这真是中国佛教的悲哀,衰落的根源!这是不成菩萨行(难得入门)的,不能实现佛法大用的。还不够救自己,更说不上救世了。学佛学菩萨行,必须从这些妙方便中认清目的。我们不是为念佛而念佛,为吃素而吃素,为诵经而诵经,我们是为了策发信愿而念佛,长养慈悲而吃素,为了引生智慧而诵经。这是方法,目的在信愿、慈悲、智慧的进修。所以真心学佛,学修菩萨行的,要从念佛中策发上求佛道、下化众生的大愿精进。从吃素放生中,长养慈悲,去做种种有益人世的福利事业。从诵经中,进一步地研求义理,引发智慧。这样,才尽到了初方便的力用,奠定了菩萨学的初基。这还不过是"千里之行,始于足下"的开步走,无边的深广法门,应从此迈步而向前直进!

五　信心及其修学

一　信心的必要

学佛的因缘不一,有从信仰而来,有从慈悲而来,有从智慧而来。然能真实地进入佛门,要推"信心"为唯一要着。在学佛的完整过程(信解行证)中,信也是首先的、第一的。声闻乘中说:"信为能入,戒为能度。"菩萨乘中说:"信为能入,智为能度。"戒与智,不妨有所偏重,而"信为能入",却是一致而不可或缺的。所以,我们想学佛,想依佛法而得真实利益,就不能不修习信心,充实信心。如不能于三宝生清净信,就与佛法无分,漂流于佛门以外。"我法甚深妙,无信云何解?"释尊初成佛时,想到说法的不容易,觉得唯有信心具足,才能领受修学。龙树比喻说:如人入宝山而没有手,就一无所得;见佛闻法而没有信心,到头来也是一无所有。这可见佛法的无边功德,都从信心的根源中来,所以说:"信为道源功德母。"信心,是怎样的重要!

释尊在世时,为了要摄化恒水边的一群渔民,所以化现一个人,踏着水,从那边到这边来。渔民们非常惊奇,那人说:我不过信佛所说而已,这有什么希奇!渔民们大大地引发了信心,佛就来摄化他们。在释尊以后五六百年,据说:打渔出身的彼得,在海船中遇到大风浪,忽见他的老师耶稣在海上行走;他因耶稣说"你来吧"!就跳下海走去。忽而想到风浪,害怕起来;耶稣责备他"小信"。这个故事,显然为佛教传说的翻版,但同样地表示着信心的力量。

二　正信与迷信

论到信仰,首先应讨论正信与迷信。这虽然不容易弄清楚,但是不能不辨别的。宗教与宗教间,每指责另一宗教为迷信。如西洋来的神教徒,自己可以供马利亚像,可以悬挂耶稣像,可以跪在地上大喊"天上的父",生了病可以向神祈求;而对于佛教的礼敬佛像,却指为迷信。凡不肯理解对方,而主观地抹煞对方,充其量,也只是"迷不信"而已。迷信与正信,是不能从他们得到结论的。

迷信与正信,可从两方面说:一、约所信的对象说:凡是正信,必须所信的对象,有实、有德、有能。如信佛,佛是确实有的,如出现于印度的释迦牟尼。佛又确乎有佛德的,他有大觉的智德、离烦恼的断德、慈悲的恩德。佛是人性净化的究竟圆成,确是值得我们信敬的。佛为我们的导师,因佛的德能,能引我们趋向于出世间善行,达到与佛一致的境地。佛有实、德、能,值得信敬,应该信敬,所以信佛是正信。如创造宇宙的主宰,什么也不能证明他是实有的。说神将饮食赐给人类,当然也并无此用。

无体无用,而轻率地信仰,便是迷信。还有,如夜行怕鬼而呼爷唤娘,怕鬼吹口哨,虽然胆力顿壮,大有作用,然这决非父母与口哨确有驱鬼的作用。所以一般宗教,由于他力仰信而引起的自我安慰、自我幻觉,与由于心意的专诚精一而引起的某些特殊经验,虽大有作用,然信以为神或神力,还是迷信。神教徒不要失望! 迷信是可以有用(当然有害处)的;迷信不一定坏,比没有信仰好得多。二、约能信的心情说:如经过一番正确的了解,见得真,信得切,这是智信、正信。如盲目地附和,因父母、因朋友,莫名其妙地信仰,便是迷信。

将这两方面综合起来,就有四类差别:一、所信的,确乎有实、有德、有能,但能信者却是糊里糊涂的信仰。如某药确有治某病的功用,病人虽不知药性,但信医师而服药,这还可以说是正信的。但这并不理想,可能误入歧途(如医师不一定可靠)。所以说:"有信无智,增长愚痴。"二、所信的并无实体,实用,而能信者的信仰,却从经过一番思考而来。这似乎是智信,然由于思考的并不正确,从错见而引起信仰,不能不说是迷信。三、所信的有实、有德、有能,能信的也确曾经思考而来,这是最难得的正信了! 四、所信的毫无实际,能信者只是盲目地附和,这是迷信的迷信! 我们学佛,应以能所相应的正信为目标。否则,信三宝,信因果,信善恶,信三世,即使没有明确的了解,也不失为正信的佛弟子。

三　顺信与净信

上来所说的信心,是泛通一般的。佛经所说的信,大抵指佛法的正信说。所以西北印的佛教,如一切有部与瑜伽师,专约纯善的信心说。其实,信不但是善净的,所以东南印的大众与分别说系,分别信心为二:一、顺信,同于一般所说的信仰,这是有善的、恶的、无记的。二、佛法所特有的信心,是净善的。

记得梁漱溟说过:西洋文化的特征,是宗教的、信仰的;中国文化的特征,是伦理的、理性的。他却不曾注意,印度文化,尤其是佛教文化,宗教是哲学的,哲学是宗教的。信仰与理性相应,信智合一,是佛法的特征。依佛法说:信,当然是重于情意的,但所信的对象,预想为理智所可能通达的。智,虽然是知的,但不仅是抽象的空洞的知识,而所证知的,有着真实的内容,值得景仰与思慕的。信与智,在佛法中,虽各有独到的德用,学者或有所偏重,但决不是脱节的、矛盾的。换言之,信心是理智的,理智是信心的。这点,可以从"信"的解说中,充分地显发出来。

"信"是什么?以"心净为性",这是非常难懂的!要从引发信心的因缘,与信心所起的成果来说明。"深忍",是深刻的忍可,即"胜解"。由于深刻的有力的理解,能引发信心,所以说"胜解为信因"。"乐欲",是要实现目的的希求、愿望。有信心,必有愿欲,所以说"乐欲为信果"。这本来与中山先生的"有思想而后有信仰,有信仰而后有力量"相近。信心,在这深刻的理解与恳切的欲求中显出;是从理智所引起,而又能策发意欲的。信以心净为体性,这是真挚而纯洁的好感与景慕;这是使内心归于安定澄净的心力,所以说如水清珠的能清浊水一样。信心一起,心地纯净而安定,没有疑惑,于三宝充满了崇仰的真诚。由于见得真,信得切,必然地要求从自己的实践中去实现佛法。这可见佛说净信，从理智中来，与神教的信仰、截然不同。

西洋的神教徒，有信仰而不重理性。在宗教的生活中是不需要智的。唯物的科学家，有智而没有信。彼此间，造成了思想的对立。有些人觉得护持传统的神教，对于安定社会是有益的。然而他们并不能做到信智合一，而只是六天过着无神的非宗教生活，礼拜日又进入教堂，度着虔信的生活。信仰与理智的生活，勉强地机械地合作，患着内心的人格破裂症。这难怪人情的疯狂，时代的苦难，不断地严重起来！在中国，虽有"知行合一"、"即知即行"（实从佛法中得来）的思想，以为知而不行，决非真知。不知道，如为了抽象的知识、生活的工具，而不是把它成为自己的，这是不见得能行的。必须从知而起信愿，这才能保证必行。换言之，没有信智合一，决不能知行合一。佛教的信智相感的正信，才是今日人类急需的一味阿伽陀药！

四　信忍信求与证信

信心，不但是在先的，也是在后的；在学佛的历程中，信心贯彻于一切。约从浅到深的次第，（般若道）可析为三阶段：一、"信可"，或称"信忍"。这是对于佛法，从深刻的理解而起的净信。到此，信心成就；纯净的信心，与明达的胜解相应，这是信解位。二、"信求"：这是本着信可的真信，而发为精进的修学。在从确立信解而进求的过程中，愈接近目标，信心愈是不断地增胜。这是解行位。三、"证信"，或称"证净"。这是经实践而到达证实。过去的净信，或从听闻（教量）而来，或从推理（比量）

而来。到这时，才能"悟不由他"，"不依文字"，现量的通达，这是证位。在大乘中，是初地的"净胜意乐"；在声闻，是初果的得"四证净"或"四不坏信"。一向仰信的佛、法、僧、戒，这才得着没有丝毫疑惑的彻底的自信。

约一念净信说，并不太难，难在净信的成就。声闻到忍位，菩萨到初住，这才净信成就了。以前，如声闻的暖位也有"小量信"，但容易退失。如菩萨初住以前的十信位，"犹如轻毛，随风东西"。这虽是净信，但是不坚定的，没有完成到不退阶段的。我们修学信心，是要策发净信，而且要修学到成就不退。如学者不能于三宝、四谛得胜解，也就不能得佛法的净信。虽然三宝与四谛是真实的，有德有能的，初学者能"仰信"、"顺信"，也不失为佛教的正信，为学佛的要门。然严格地说，没有经过"胜解"，还不能表显正信的特色！

五　正常道与方便道

从发起正信而修学成就，是正信的最初修学，这又有两类的进修法：一、正常道的修习信心：正信（正信必有正愿），声闻法中是"出离心"，大乘法中是"菩提心"。修学大乘信心的一般方法，如《起信论》说的信佛、信法、信僧，又修布施、持戒、忍辱、精进、止观去助成。这可见，自利利他的大乘信愿，要从事行与理行的修习中来完成。换言之，信心并非孤立的，而是与种种功德相应的，依种种功德的进修而助成的。然经论所说的菩提心，般若道中有三阶：初是愿菩提心，其次是行菩提心，后是证（智）菩提心。前二者,也名世俗菩提心;后一也名胜义菩提心。如说菩提心是离言绝相的,是约胜义菩提心说。如说菩提心为慈悲所成就,那是约行菩提心说。初学大乘信愿,是约愿菩提心说,是上求佛道、下化众生的信愿。初学者,对于佛(菩萨)的无边功德,一切众生的无边苦迫,佛法济世的真实利益,发菩提心的种种功德,应该多多听闻,多多思维。这对于大乘信愿的策发,最为有力。如大乘的信愿勃发,应受菩萨戒,这就是愿菩提心,为法身种子。菩提心,是菩萨的唯一根本大戒。受戒就是立愿;依戒修学,就能渐次进修,达到大乘正信的成就。

二、方便道的修习信心:这是信增上菩萨的修学法。由于"初学是法(大乘),其心怯弱",所以特重仰信,依佛力的加被而修习。龙树说:这是以信(愿)精进为门而入佛法的,也就是乐集佛功德,而往生净土的易行道。说得最圆满的,要算《普贤行愿品》的十大行愿。这因为佛是无上菩提的圆满实证者,所以将信愿集中于佛宝而修。十大行愿中:(一)礼敬诸佛、(二)称叹如来:是佛弟子见佛所应行的礼仪。(三)广修供养:是见佛修福的正行。(六)请转法轮、(七)请佛住世:从梵王请佛说法,与阿难不请佛住世而来。这都本于释迦佛的常法,而引申于一切佛。(四)忏悔业障:如《决定毗尼经》的称念佛名的忏法。大乘通于在家出家,所以不用僧伽的作法忏,专重于佛前的忏悔。(五)随喜功德、(十)普皆回向:这是大乘法所特别重视的。(八)随顺佛学:即依佛的因行果行而随顺修学。(九)恒顺众生:是增长悲心。

这十大行愿,有三大特点:(一)佛佛平等,所以从一佛(毗卢遮那)而通一切佛,尽虚空,遍法界,而不是局限于一时一地一佛的。(二)重于观念,不但忏悔、随喜、回向,由于心念而修,就是礼佛、供养、赞佛等,也唯由心念。如说:"深心信解,如对目前";"起深信解,现前知见"。这是心中"念佛"的易行道,成就即是念佛三昧。(三)这是专依佛陀果德(摄法僧功德)而起仰信的,一切依佛德而引发。如随顺众生的悲心,因为:"若能随顺众生,即能随顺供养诸佛。若于众生尊重承事,则为尊重承事如来。若令众生生欢喜者,则令一切如来欢喜。何以故?诸佛如来以大悲而为体故。"这与上帝爱世人,所以我也要爱人的理论相近,这是偏重于仰信的缘故。

信增上菩萨,信愿集中于佛,念念不忘佛,能随愿往生极乐世界。但由信愿观念,所以是易行道。然心心念于如来功德,念念常随佛学,念念恒顺众生,如信愿增长,也自然能引发为法为人的悲行智行。龙树说修易行道的,能"福力增长,心地调柔。……信诸佛清净第一功德已,愍伤众生",修行六波罗蜜。所以,这虽是易行道,是信增上菩萨学法,而印度的大乘行者,都日夜六时的在礼佛时修此忏悔、随喜、劝请、回向。不过智增悲增的菩萨,重心在悲行与智行而已。

六 菩提心的修习次第

一 菩提心是大乘法种

学佛法,以大乘法为最究竟,而发菩提心,则为大乘学者先修的课题。特别是在中国,一向弘扬大乘教,重视发菩提心。如早晚在佛前作三皈依,称念"体解大道,发无上心",即是希望大家应时刻不离地提起大乘的根本意念——发菩提心、自利利人。所以学佛同道见面时,每以发菩提心相勉,可见在大乘佛教的领域里,菩提心是怎样的被尊重!

菩提心是大乘佛法的核心,可以说,没有菩提心,即没有大乘法。尽管修禅、修慧、修密、做慈善事业,了生脱死,若不能与菩提心相应,那一切功果,不落小乘,便同凡夫外道。因此,如想成佛度众生,就必须发菩提心。发了菩提心,便等于种下种子;经一番时日,遇适当机缘,自然可以抽芽开花,结丰饶的果实。不但直入大乘是如此,就是回小向大,也还是发菩提心的功德。如《法华经》说:舍利弗等声闻弟子,起始只打算修学小乘法,但后来都能回小向大。关于此中原因,经里用巧妙的譬喻说:有一个穷人,在富有的朋友家中,当他饮得熏醉的时候,友人将一颗无价宝珠暗藏在他褴褛的上衣里。其后,他仍然过着潦倒的生活,友人告诉他说:你身上原有无价之宝,为何弄得这般穷苦!一经指出,这位穷汉就变成了富翁。这无价宝珠,就譬如菩提心。舍利弗他们,过去生中已发过菩提心,只因烦恼迷惑,历多生多劫的轮回生死,而把自身的大宝遗忘,反而希求声闻小法。但一经佛陀点出,即能不失本心,立刻转入大教。又经里说:发过菩提心的众生,即使时久遗忘而误入歧途,造作种种罪业,堕恶道中,也会比其他受罪者好得多。第一、他所感受的痛楚,较为轻微;第二、他的受报时间较短,易于出离苦道。菩提心,确如金刚宝石一般,完整者固然昂贵,即零星碎屑,也同样值钱。所以学佛者,只怕不发菩提心;不发菩提心,一切大乘功德,便都无从生起。

学佛者往往以为烧香、礼佛、诵经、供养,或修定、修般若等,便是行大乘法,修菩萨行了。不知就是禅定、般若,也还是共世间、通小乘之法呢!这如世间外道,也能修得四禅、八定;而小乘行人,则依定修发般若以了生死。禅定为五乘共法,般若为三乘共学。单修禅定或般若,仅可获致生天或了生死,而不能成佛;若欲成佛,必发菩提心。有菩提心作根本,修禅即成大乘禅,修慧即成大乘慧,一切皆是佛道资粮。总之,菩提心就是大乘法种,哪一天撒下了这种子——发菩提心,哪一天即名菩萨(当然还不是大菩萨)。否则,虽修行千生万劫,来往此界他方,也不是菩萨,不是大乘法器。

二　菩提心的类别

说到菩提心,依大乘圣典的说明,有浅有深。据修学者的行证程序,大体可分为:

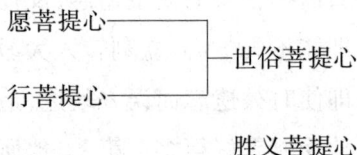

愿菩提心————┐
　　　　　　　├——世俗菩提心
行菩提心————┘

　　　　　　胜义菩提心

发菩提心,首先对于成佛度众生,要有信心,要有大愿。由于见到世间的恶劣,见到众生的苦恼,而深信有究竟圆满的佛果可证;也唯有修证成佛,才能净化世间,拯救一切众生。于是发广大愿,愿尽未来际,上求佛道,下化众生。由此信愿而发心,称愿菩提心,或信愿菩提心。有了信愿,还要能够实行,所以其次便是行菩提心,这主要是指受持菩萨戒法,菩萨戒一名菩萨学处,包括了一切自利利他大行,菩萨即以此无边戒行,实行菩萨道。此愿行二种菩提心,还是有漏心行,不出世间,故统名世俗菩提心。由此而更进一层的,名胜义菩提心,是大乘行者悟入无生法忍,证到真如实相。这真实智境,没有时空相,没有青黄赤白相,没有心识相,经中常说为不生不灭,非有非无,非此非彼,不可说,不可念等。世俗菩提心着重悲愿,胜义菩提心能不离悲愿而得智慧的现证。也可以说,愿菩提心重于起信发愿,行菩提心重于从事利他,胜义菩提心重于般若证理。这样,菩提心统摄着信愿、大悲、般若,确乎摄持了大乘法的心要。

三　菩提心之本在悲

发菩提心，本是对于上成佛道、下化众生的大事，立下大信心、大志愿，所以以信愿为主体，以大悲及般若为助成。然这样的大信心、大志愿，主要从悲心中来，所以经上说："大悲为根本"；"大悲为上首"；"菩萨但从大悲生，不从余善生"。菩提心的根本是悲心，而悲心的大用为拔苦。所以大乘菩萨道，也可说以救拔众生的苦难为特色。

众生的苦难，多至无量无边，而究其实，皆由自身所招感。譬如这个世界，国与国间，原可本着国际道义，互相扶济，互相尊重，从融洽互惠中求共存，大可不必打仗，使整个人类做着无谓的牺牲。可是事实不然，大家非弄到焦头烂额不可，这不是自找烦恼是什么！大局面如此，小局面如家庭之间、朋友之间，甚而个人身心之间，也无不如此。由这一观点去考察，便可以得到一个结论，就是世间内莫不是苦。这就目前的事实说，那些贫穷的、没有办法的人，固然痛苦，就是许多富有的、很有办法的人，也一样苦痛无边。再扩大来说，人间是不彻底的，天上也不彻底，地狱、饿鬼、畜生，更不必谈。所以菩萨利生而着重救苦——悲心为怀。相传有常啼菩萨、常悲菩萨，即因见到众生大苦，而常为一切众生而悲伤。这表示菩萨的悲悯心重，也揭示了大乘法门的根本。

慈悲——与乐和拔苦，对这苦痛重重的世间而言，显然的，拔苦更为它所急需。如一块荒芜的园地，必先将那不良的荆棘杂草除去，然后播下好种，才有用处。众生的烦恼病太多，若不设法去其病根（也是苦因），一切快乐的施予，都不会受用。就像一个少年，习气不好，专交坏朋友，每天闲荡胡闹，搞到倾家荡产，衣食无着，为非作恶。你若想救他，单给他金钱资具，使他图得一时的舒适，是不够彻底的，甚至可能弄得更糟。因为根本问题还没有解决——他的性格、习惯，还未改正过来；也就是说，他的苦根还没有断除，这么给他好处，于他不会有什么实利。整个世界也都如此，若不除去种种的罪恶、苦痛，则人间虽有福乐，也是暂时的，不究竟的。所以佛教重视苦，重视救苦，好像是悲观、消极，其实佛教正因认识而把握了这个问题，才提供了彻底净化世间、满足众生真正安乐的办法。

四　菩提心修习的前提

谈到修习菩提心，必须由浅而入深。从释迦佛陀所开示的，大菩萨们常用一种方法，一种程序，来完成他们的菩提心。这修学程序，共有七个阶段，即：知母，念恩，求报恩；慈心，悲心，增上意乐；菩提心。在这以前，还要先具两种观念，平等想和悦意相。

一、作平等想：对一切众生，应该存平等无差别想。这不但从"皆有佛性"的观点说，即在当前所见到的男女老幼，各色各样的人物，贤愚良莠，以及怨亲等等，原都彼此彼此，没有什么两样。现在之所以差别，只是一时的因缘不同而已。若放眼从累生历劫去看，那么一切众生，谁不曾做过我的父母、兄弟、姊妹、戚友？谁不曾做过我的仇敌冤家？若说有恩，个个于我有恩；若说有怨,个个于我有怨,还有什么恩怨亲疏可分别? 再就智愚良莠来说,人人有聪明的时候,也有愚痴的时候;聪明的可能变愚痴,愚痴也可能转聪明。最坏的人,也曾做过许多好事,而且不会永远坏;好人,也曾做过许多恶事,将来也不一定好。如此反复思索,所谓怨亲、贤愚、良莠,这许多差别概念,自然就会渐淡,以至完全泯灭。不过这绝不是混沌,不是不知好坏,而是要将我们无始以来偏私的差别见,易以一视同仁的平等观念罢了。从前有一位比丘,见某外道颠三倒四的,加以讥笑。但佛警告这比丘说:你且别笑他,你尚未修到不退转,外道性还存在,将来也许跟他一样呢! 这所以佛教要"不轻未学","不轻毁犯"。初学的人,可以由浅入深,渐成大器;即犯过者,也可能改好,甚至改得比寻常更好,当然也不可轻。从这意义说,个个贤愚一样,人人怨亲平等,不必骄傲,不必自卑,也不必为目前一点恩怨而生爱著或憎恶。如此保持着平衡安静的心境,依佛教的术语说,是"舍心"。

舍心一旦修成,偏私的怨亲意识便不复存在,对任何人都不会爱得发痴、发狂,也不会恨到切骨。一般说来,爱似乎并不坏,然从佛法去理解,则未必尽然。因为一般所谓爱,即使能多少有益于人,也是偏狭的、自私的,对广大众生而言,它不但无益,而且可能有害。大家知道,有爱必有恨,爱与恨似为极端相反的两种心理,其实只是人类同一染著烦恼的二面性。所以由爱生恨,由爱引致人间的大悲剧,是极寻常的现象。佛教所说的平等大悲,则是先去染爱,而对一切众生普遍地予以同情、救济。至于偏私的爱,是人类本来就有的普遍习性,用不着修学,现现成成,人人都会,如家庭之爱、男女之爱,哪个没有? 严格地说,就因人人都有所爱,所以世间一切最残酷的仇杀斗争,才不断地发生。若人人放弃其所偏爱,等视一切众生,那么人类的苦难,相信可以逐渐地没有了。

二、成悦意相:修习菩提心,最基本的先决条件,是打破我们根深蒂固的差别观念,让自己与众生一体同观,没有嗔恨,没有爱念,可又不能是漠不相关。换句话说,不但应于一切众生作无分别想,而且还要对一切众生发生深刻而良好的印象,和谐而亲切的感情。但这不是私爱,是不带染著的欣悦心境,佛法称为"喜心"。若仅有舍心——平等观念,还是不能成就大悲而激发菩提心。这比方大街上有成千成万的男男女女,老老少少,穷的富的,美的丑的,而当我们走过时,不加注意,总是一律平等,没有什么好恶之感的。这当然可算是平等的无分别心,但这种无所谓的平等心,对于大悲的修学并不能发生有效作用。因为这完全是漠视一切,不关切众生。所以修习菩提心,既须等视一切众生,养成一视同仁的心境,又要能够关切一切众生,心中养成一团和气,一片生机。在平等的观念上,养成一种相关切、彼此和谐的情愫,对大乘悲心,菩提心的成就,是极端重要的!

五　修习菩提心的所依——
知母·念恩·念报恩

以下,说到知母等七重次第:

对于一切众生,从深切关怀而不失平等的心境中,引生一种意念,这意念就是知道一切众生都曾经是自己的母亲。在生死轮回中,一切众生都曾做过我们的亲密眷属,那是无可置疑的。佛经上说,每个人从无始来所喝过的母乳,比四大海水还要多呢! 本来,父母对我们都有大恩,父母在儿女的心目中,应有同等的地位。但这里特重"知母","念母恩"。因以一般世情说,母恩似乎更重,如十月怀胎,三年乳哺,大部分的养育责任都落在母亲身上,所以母子之情最深。儿女若见母亲受苦,应感到切肤之痛。若不顾母亲的死活,那就算是忤逆不孝,世间的法律与舆情也不会容许。佛教视一切众生为父母,即是把一般关切父母的心扩大到一切众生。

不但佛教如此,即中国儒、墨二家,及西洋耶教等,也都以此为一切道德行为的根源。如儒家的德行,主要的是孝,故以孝为首善,以不孝为极恶。而德行的心理,主要是仁,仁的初意也就是爱敬父母,而后扩大起来。所以说:"孝悌也者,其为仁之本欤。"儒家说仁,必从孝顺父母做起,若不能尽孝,似乎就没有仁可说。印度婆罗门和西洋耶教,他们不从如何孝父母出发,但却以天或上帝为一切之父。世间万物皆为上帝所造,上帝是人类最早的祖宗,所以每个人应当爱上帝,信奉上帝,这跟儿女与父母的关系一样。不但爱父母——神,体贴神的意思去爱世人,也等于爱兄弟姊妹。但人与神(上帝)成立于渺茫的神话,还不如中国儒家直约亲子的恩情来说,比较切实。不过儒家着重现生,忽略过去与未来,因此一般儒者都偏重家庭的仁孝,气魄不够大。佛教的德行,也基于亲子的关系,但通论到三世轮回,视一切众生为父母,所以悲悯心是着实而广大的,不同神教的渺茫,也不同儒家的狭隘。

有人说：佛教把一切众生都看作是父是母，平等慈悲，是不近人情的事，这可说是代表了中国儒家的传统观念。孔孟所表扬的仁，是先孝父母，先爱家属亲友，然后乃可扩及他人。如孝爱父母、爱敬兄弟的心，和一般人一样，便被斥为次序颠倒，轻重不分，甚至被斥为违反人性。但这与其他宗教——佛教、耶教、以及墨子，是不大同的。墨子提倡涵容广普的兼爱，就被孟子骂为禽兽。孔孟的学说本来很好，只是范围太狭，永远离不了家庭的小圈圈。墨家兼爱一切人，佛教悲悯一切众生，其道德内容显然与家庭本位的儒家不同。其实，道德心的随机缘而显发，不一定有次第的。如孟子说："恻隐之心，人皆有之。"人人有不忍心，恻隐心，随机缘而引发，并无次第。孟子又曾说过，当路见不相识的小孩掉下井去，他的第一念心，应该是考虑怎样救起小孩，而不是考虑那是不是自己的小孩。又如见牛而心生不忍，而忘了羊也是一样的苦痛。所以仁爱的德性，是不应该拘泥于先此后彼的，可是儒者每不能融通。

再就现实世间的情况来说，有的在家庭里不一定孝悌，但对朋友却非常真诚笃爱，热心帮忙，甚而可以为朋友出生入死。这爱人之心，不能说它不合理（义）；既属于道德心行，照儒家的传统说法，就应该先及家庭（亲），然后朋友（疏），但事实恰好相反，我们不能因其违反亲疏次序而否定其伦理价值。以佛法说，人类的最一般的德性——慈悲心，也即是孔家以仁为体的良知，是人人所有，而且是广大圆满的。不过有些人，只能在家庭中，或某一阶层中发挥出来，以外就隐而不显。这问题在：一、理智不够,局限而没有得到扩充。二、因为每一众生,无始以来因缘复杂。有因过去恩爱关系结为母子,有因过去仇恨关系结为母子。在现世,以个性、习欲关系,或与父母同而相亲,或与父母异而疏远。所以有些人,能够尽孝,爱他的父母,但对一般人,就不怎么有同情心。有的人就不同,他在家庭里对父母兄弟也许不怎么孝悌,而对一般朋友或陌路人却极热心,绝不因他未曾热爱家庭,便老不能爱其他的人。慈悲或仁爱的本质,原是平等而无偏颇的,它之所以未能一视同仁,即因有障碍差别,如灯光原可远近都照,而若遮以障物,虽近也照不到,若去障物,虽远也能照。因此,世间有的孝父母而不爱外人,有不爱父母兄弟(近)而爱朋友(远)。总之,凡于人而能悲爱的,我们都应该称叹的,当然最好是平等普爱。若定要先亲亲而后仁民,不但不合世情,反而是障人为善了!

父母抚爱儿女,儿女应当尽孝——念恩而求报恩,这是世间伦理观念的要素。佛教从时空的无限中,体认得一切众生平等义,以一切众生为己母,即是此一伦理观念的扩大、圆满。故孝父母和悲爱一切众生,实质并无差别。不过以一般凡夫心境,对那无量数的父母(也即一切众生)所加诸我们的慈恩,已无从记忆,即有所知也不真切。因此实践的唯一办法,无论是念恩,及求报恩,可从当前的父母、亲属做起,然后由亲而疏;更由一般无恩无怨而到怨仇。由近而远,由亲而怨,逐步推广,养成确认一切众生为母,而念一切众生恩,求报一切众生恩的观念。这近于儒者的"推"法,但这不是说,道德的本身有此固定范围,或不可越逾的先此后彼。这是观念上的熏修次第,在实践上,总是随机缘而引发，所以佛法平等普济的德行，不能视为不近人情，而非要从狭小的家庭中做起不可。

从知母到念恩，求报恩，乃是势所必然的。既透过无限的时空，觉察到一切众生皆是自己的母亲，皆于自己有大恩德，那么有恩就该报，尤其当他们苦痛的时候。虽然平等普济的慈悲对一切人都一样，但教缚地凡夫去修，从母爱去推知引发，最为有力。因为母亲是最爱儿女的，她一生为儿女所受的苦，真不知有几多！她给儿女吃奶，照顾儿女的冷暖，甚至到了三四十岁，还把他（她）们当作小孩看待。遇到儿女不听话，虽受气恼，而爱护之心仍然无微不至。现生母亲这样爱儿女，当知过去无量生中的母亲，也曾这样的爱过我们，所以我们对一切众生应该不忘其恩，并且尽心报答。由此可知，佛教勉人发菩提心，是从最明显的孝道出发，以思念母恩作出发点，与儒家的伦理观念，最为吻合！

六　菩提心的正修——慈·悲·增上意乐

修习菩提心，经过知母、念恩、求报恩这一些意向，进一步就要修慈、修悲。慈悲跟发菩提心最有密切关系。经里告诉我们，菩提心不由禅定中来，也不由智慧中来，而是从大悲心来。慈悲，通常作为一个名词而实不同，依修学者的心理过程，分别来说明：一、慈心：慈是与乐，即以世出世间的种种善利，利益一切众生，使一切众生同得快乐、幸福。依佛法说，修习慈心，功德最大，慈心成就，可以远离灾难，即有刀兵，也可逢凶化吉。从前，提婆达多曾与阿阇世王合谋害佛,他们待佛托钵行化之时,故意放出醉象,欲令触杀,哪晓得这头充满杀机的狂象,一见佛陀竟驯服得什么似的,当下就跪在佛陀的脚边,任佛抚摩。释尊的慈心功德究竟圆满,故能降服狂象,而不为其损一毫毛。中国有句老话:"仁者无敌",也即此义。二、悲心:悲是拔苦,即减轻或根除众生的痛苦。要报众生的恩德,愿使一切众生得乐,所以修习慈心。但又觉得,如众生的苦痛根源不除,不能达成"与乐"的目的,所以由此而引发悲心。悲心是拔苦,而究竟的拔苦,便是"令一切众生同入无余涅槃而灭度之",这才能真实拔济苦难。至于慈悲心行的修习,也是次序推展。父母兄弟等有亲密关系的,称为亲。一般泛泛无关系者,称为中。有仇恨的冤家,名为怨。由亲而中,由中而怨,修成于一切众生而起的慈悲心;无边广大,所以名为"悲无量"、"大悲"等。如但缘一分众生而起慈悲心,便不合佛法,近于世间有阶级性的仁爱,同时包含着残酷的种子了。

在修习菩提心的过程中,悲心虽是极高妙,非常难得了,但还须再进一步,强化悲心,要求发动种种实际行为,救众生出苦,这便是增上意乐。增上意乐,是以悲心为本的一种强有力的行愿,以现代通俗的说法,即是"狂热的心",对度生事业的热心。热心到了最高度,便可以不问艰难,不问时间有多久,空间有多大,众生有几多,而不惜牺牲自己的一切,尽心致力救众生。菩萨不入地狱,救不了地狱众生;菩萨要成佛,也总是到苦难的人间来。佛菩萨具备了这强有力的愿行——增上意乐,所以成其为佛菩萨。小乘圣者,原也有慈悲心肠,只因太薄弱,缺少强有力的意志,故不能成其度生事行,而仅乎"逮得己利"而已。经里譬喻说:有一人家生了一个可爱的小孩,大家都非常疼他。有一天,这孩子不慎跌落粪坑,妈妈和姊姊们急得几乎发疯,心里尽是"要救他,要救他",而谁也没有跳下去。还是他的父亲跑来,一下纵身粪坑,也不问粪坑有多么深,多么臭,只管救捞小孩。这就是说,单凭悲心,没有增上意乐,仍旧是不够的。因为悲心只是一种悲天悯人的情怀,而不是一种不顾一切的、强猛有力的意志。所以声闻者虽然同情众生的苦恼,想使众生离苦得乐,而众生总是救不了,总是离不了苦,得不到乐。这一定要像菩萨那样,不但有慈悲心肠,而且具足增上意乐,故能激发种种实际行动,予众生以实利。

七　菩提心的成就

从悲心而进入增上意乐心,已另有一番心境,到了这一阶段,修学者的心境,见到众生受苦,便好像自己也在其中,非旁观者。真可说,以众生的苦痛为苦痛,以众生的安乐为安乐。经过深切的觉察,世间一切学问,一切宗教,一切办法,都不能彻底解决众生的痛苦,唯有佛与佛法,才能救苦,才是救苦的良药。所以唯有修菩萨行,证菩提果,才能使众生从无边的苦恼中获得解脱。如此,为了救度众生而发心成佛,以度生大行作为成佛资粮,把自己的悲心愿行和众生的痛苦打成一片,发心学菩萨行,求成佛果。这种大信愿的坚固成就,便是菩提心的成就。

八　菩提心的次第进修

以上，是修发菩提心的七重因果次第。这是莲花戒菩萨等，据阿毗达磨等说而安立的修学次第。依七重因果修学次第而完成，即是愿菩提心的成就。发菩提心，最重要的在此。发菩提心，具足大乘信愿，就要进修菩萨行。如《华严经》中的善财童子，他是具有深切的大乘信愿，发心成佛度众生的，所以在参访大乘道的过程中，总是说我已发菩提心，不知道应怎样的修菩萨行。发心以后，实修利他为本的菩萨行，不出菩萨戒。菩萨戒中，虽也以杀、盗、淫等为重罪，但这是通一切律仪的，单在这方面，不能显出大乘的特质，也显不出菩萨的不共精神。菩萨有三聚戒——摄律仪戒、摄善法戒、饶益有情戒，主要以六度四摄为体，如《瑜伽戒本》即以六度四摄分类。菩萨以不退菩提心为根本戒，不离菩提心而远离众恶，利益众生，成熟佛法，即是行菩提心的修习。《大乘起信论》依布施、持戒、忍辱、精进、止观而修成菩提心——似乎是行菩提心。修菩提心，广积福德智慧的资粮，进而悟无生法忍，体证一切诸法不生不灭，即称为胜义菩提心。胜义菩提心，是不离信愿慈悲的智证。能一念心相应，发此胜义菩提心时，即是分证即佛，于百世界现成佛道，所以这可以说发心成佛——由发菩提心而名成佛。从初发信愿，而修行，而悟证，就是悟证以后，还是菩提心的修习。菩提心有如宝珠，越磨越明净，多一分工夫，多一分成就，断障越多，菩提心宝越明净。依《华严经》说：十地菩萨的分证次第，即是菩提心宝一分一分的明净,一分一分的圆满。究竟圆满,便是圆证阿耨多罗三藐三菩提——究竟成佛了。

（常觉记）

七　慈悲为佛法宗本

一　佛法以慈悲为本

"慈悲为本"，这句话是圆正的大乘佛教的心髓，表达了佛教的真实内容。作为大乘佛教的信徒们，对此应给予严密的思惟，切实的把握！从菩萨的修行来说，经上一再说到："大悲为上首"；"大慈悲为根本"。从修学完成的佛果来说，经中说："诸佛世尊，以大悲而为体故。"论上说："佛心者，大慈悲是。"经论一致地开示，大乘行果的心髓不是别的，就是慈悲。离了慈悲，就没有菩萨，也没有佛。也可说：如没有慈悲，就没有佛法，佛法从慈悲而发挥出来。

这样的大乘宗旨，专为"己利"着想的声闻行者也许不能同意。其实声闻行者共同承认的三藏，释迦佛也确实是这样的。以释尊的现生行迹来说：他最初发生修道的动机，是由于他的观耕而引起。释尊生长王宫，难得出去观察农夫的耕种。他见到烈日下辛苦工作的农夫，饥渴疲乏而还得不到休息；见到耕牛的被役使，被鞭策，被轭压伤皮肉而流下血来；见到田土翻过来时，种种的小虫被鸟雀所啄食;见到牛血滴下土壤,不久就生出蛆虫,而成为鸟类的食品。众生的自相残害,农工的艰苦,刻划出世间的残酷面目。释尊内心的深切悲痛,引发了求道与解脱世间的思虑。这哪里是专为自己着想! 其后,释尊又出去游观,见到老病死亡。从一人而了解得这是人类同有的痛苦经历,自己也不能不如此。从他人而理解到自己,从自己而推论到他人。这种人类——一切众生生命历程中的悲痛过程,如专从自己着想,即成为声闻的厌离(苦)心。如不但为自己,更为一切众生着想,即成为菩萨的悲愍心。释尊是并不专为自己着想的,所以一旦在菩提树下彻悟了人生的真实,即踏遍恒河两岸,到处去转法轮,击法鼓,吹法螺,以微妙的法音,来呼召觉悟在痛苦中的众生。从传记去看,释尊的一生,不外乎大慈大悲的生活,无非表现了慈悲为本的佛心。如进一步而推求释尊的往昔修行,在传说的本生谈中,菩萨是怎样的舍己为人! 是怎样的慈愍众生! 声闻学者也不能不说:菩萨以慈心而修波罗蜜多,圆满时成就佛果。所以大乘的行果——菩萨与佛,是彻始彻终的慈悲心行。如离去了慈悲,哪里还配称为大乘呢!

大乘经中说:菩萨与声闻,虽同样的称为佛子,而菩萨如长者的大夫人子,声闻如婢子。这是说:菩萨是佛的嫡子,继承了佛陀的高贵而纯正的血统。声闻呢? 他虽也依佛口生,从法化生,而不免羼入了卑贱的血统。这种卑贱的传统,不是别的,是释尊适应印度当时的——隐遁与苦行的独善心行。声闻是佛法,有深智的一分,但不能代表圆正的佛法,因为他含着违反佛陀精神的一分,即没有大慈悲,所以《华严经》中比喻二乘为从

佛背而生。因此,偏从声闻法说,专以声闻的心行为佛法,那是
不能说佛法以慈悲为本的。然依代表佛陀真精神的大乘来说,
慈悲为本,是最恰当地抉发了佛教的本质、佛陀的心髓。

二　慈悲的根源

慈悲是佛法的根本,也可说与中国文化的仁爱、基督文化的
博爱相同的。不过佛法能直探慈悲的底里,不再受创造神的迷
妄、一般人的狭隘所拘蔽,而完满地、深彻地体现出来。依佛法
说,慈悲是契当事理所流露的,从共同意识而泛起的同情。这可
从两方面说:

从缘起相的相关性说:世间的一切——物质、心识、生命,都
不是独立的,是相依相成的缘起法。在依托种种因缘和合而成
为现实的存在中,表现为个体的、独立的活动,这犹如结成的网
结一样,实在是关系的存在。关系的存在,看来虽营为个体与独
立的活动,其实受着关系的决定,离了关系是不能存在的。世间
的一切,本来如此;众生、人类,也同样的如此。所以从这样的缘
起事实,而成为人生观,即是无我的人生观,互助的人生观,知恩
报恩的人生观,也就是慈悲为本的人生观。单依现生来说,人是
不能离社会而生存的。除了家庭的共同关系不说,衣食住药,都
由农工的生产原料加工制造,由商贾的转运供给;知识与技能的
学习、学问与事业的成功,都靠着师友的助成。社会秩序的维
持,公共事业的推行,安内攘外,一切都靠着政府的政治与军事。
如没有这些因缘的和合,我们一天、一刻也难以安乐地生存。扩

大来看,另一国家,另一民族,到这个时代,更证明了思想与经济的息息相关。甚至非人类的众生,对于我们的生存利乐,也有着直接或间接的关系。人与人间,众生间,是这样的密切相关,自然会生起或多或少的同情。同情,依于共同意识,即觉得彼此间有一种关系,有一种共同;由此而有亲爱的关切,生起与乐或拔苦的慈悲心行。这是现实人间所易于了解的。如从生死的三世流转来说,一切众生,从无始以来,都与自己有着非常密切的关系,过着共同而密切的生活,都是我的父母,我的兄弟姊妹,我的夫妇儿女。一切众生,对我都有恩德——"父母恩"、"众生恩"、"国家(王)恩"、"三宝恩"。所以从菩萨的心境看来,一切众生,都"如父如母,如兄如弟,如姊如妹,和乐相向"。在佛的心境中,"等视众生如罗睺罗"(佛之子)。这种共同意识,不是狭隘的家庭,国族,人类;更不是同一职业,同一阶层,同一区域,同一学校,同一理想,同一宗教,或同一敌人,而是从自他的展转关系,而达到一切众生的共同意识,因而发生利乐一切众生(慈)、救济一切众生(悲)的报恩心行。慈悲(仁、爱),为道德的根源,为道德的最高准绳,似乎神秘,而实是人心的映现缘起法则而流露的——关切的同情。

再从缘起性的平等性来说:缘起法是重重关系,无限的差别。这些差别的现象,都不是独立的、实体的存在。所以从缘起法而深入到底里,即通达一切法的无自性,而体现平等一如的法性。这一味平等的法性,不是神,不是属此属彼,是一一缘起法的本性。从这法性一如去了达缘起法时,不再单是相依相成的关切,而是进一步的无二无别的平等。大乘法说:众生与佛平等,一切众生都有成佛的可能性,这都从这法性平等的现观中得来。在这平等一如的心境中,当然发生"同体大悲"。有众生在苦迫中,有众生迷妄而还没有成佛,这等于自己的苦迫,自身的功德不圆满。大乘法中,慈悲利济众生的心行,尽未来际而不已,即由于此。一切众生,特别是人类,不但由于缘起相的相依共存而引发共同意识的仁慈,而且每每是无意识地,直觉得对于众生对于人类的苦乐共同感。无论对自,无论对他,都有倾向于平等,倾向于和同,有着同一根源的直感与渴仰。这不是神在呼召我们,而是缘起法性的敞露于我们之前。我们虽不能体现它,但并不远离它。由于种种颠倒,种种拘蔽,种种局限,而完全莫名其妙,但一种歪曲过的,透过自己意识妄想而再现的直觉,依旧透露出来。这是(歪曲了的)神教的根源,道德意识、慈悲精神的根源。慈悲,不是超人的、分外的,只是人心契当于事理真相的自然的流露。

三　慈悲与仁爱的比较

慈悲,不但是佛法的根本,也是中国文化与基督文化的重心。其中的异而又同,同而又异,应分别地解说。

佛法从缘起法的依存关系,确立慈悲为他的道德。缘起法,经中比喻为:"犹如束芦,互相依住。"这如三根枪的搭成枪架一样,彼此相依,都站立而不倒。不论除去哪一根,其他的也立刻会跌倒,这是相依相成的最明显的例子。缘起的世间,就是如此。为他等于为己,要自利非着重利他不可。自他苦乐的共同,实为启发慈悲心的有力根源。这在儒家，称为"仁"。仁，本是果核内的仁，这是两相依合，而在相合处，存有生芽引果的功能。存在与发生，是不能离相依相成的关系的。扩充此义来论究人事，仁的意义是二人——多数人，多数人相依共存的合理关系。在心理上，即是自他关切的同情感。和谐合作的同情，活泼的生机，即是仁。如人的身心失常，手足麻木或偏枯，精神呆滞或冷酷，即称为麻木不仁。残酷仇恨的破坏活动，在社会的依存关系中，也就是不仁。儒家的仁与泛爱，是合于缘起依存性的。又如墨家的"兼爱"，在《说文》中，"兼"像二禾相束的形状。这与佛说的"束芦"更为相近。由于理解得事物的相关性，人与人的相助共存，所以墨子强调人类爱，而主张兼爱。

　　佛法说缘起，同时就说无我。因为从缘而起的，没有独立存在的实体，就没有绝对的自我。否定了绝对的自我，也就没有绝对的他人。相对的自他关系，息息相关，所以自然地启发为慈悲的同情。儒家与墨家，也有类似的见解。如《墨经》说："兼，无人也。"从兼——彼此依存的意义去了解，就得到没有离去自己的绝对他人。无人，是说一切他都是与自己有关的，这当然要爱，谁不爱自己呢？儒家说："仁者无敌。"真能体会仁，扩充仁，一切都与自己相助相成，没有绝对的对立物，所以决不把什么人看作敌人，而非消灭他不可。儒仁、墨爱，岂不是与佛法的慈悲有着类似吗！

　　然还有非常的不同。佛说的慈悲，不但从自己而广泛地观察向外的关系，而理解得自己与他的相关性，如儒与墨一样，佛法更从自己而深刻地观察内在的关系，了解得自我只是心色

（物质）和合而相似相续的个体，虽表现为个体的活动，而并无绝对的主体。所以佛法能内证身心的无我，外达自他的无我，而不像儒墨的缺乏向内的深观，而只是体会得向外的无敌、无人。不能内观无我，即违反了事理的真相，不免为我、我所执所歪曲。从此而发为对外的仁、爱，是不能做到彻底的无我，也就不能实现无敌无人的理想。还有，儒者的仁，在社会的自他关系中，出发于家庭的共同利乐，人伦——父子扩充为君臣，兄弟扩充为朋友，夫妇为道德的根源。从此向外推演，这才"亲亲而仁民，仁民而爱物"；"四海之内，皆兄弟也"；"民吾胞也，物吾与也"。家庭的亲属爱，最平常，最切实，也最狭小。中国在家庭本位文化下，扩充到"四海皆兄弟"，"天下为公"，而终究为狭隘的"家"所拘蔽。重家而轻国，不能不说是近代中国不易进步的病根。说到天下为公，那是距离得更远了。佛法直从自我主体的勘破出发，踏破狭隘的观念，以一切众生为对象而起慈悲；这与儒者的仁爱，论彻底，论普遍，都是不可并论的。

论到基督教，它的核心当然是博爱。耶和华——神为世间的创造主，人类的父。神对于人类非常慈爱，所以人也应该爱神；体贴神的意思，要爱人如己，这多少根源于家属爱，然主要是启发于万化同体同源的观念，近于缘起法的平等性。基督教徒不是没有修持的，在虔敬的诚信、迫切的忏悔中，达到精神的集中时，也有他的宗教经验。高深的，能直觉得忘我的状态，称为与神相见。神是无限的、光明的、圣洁——清净的，也常听见神秘的音声。在当时，充满了恬静的喜乐与安慰；有时也发生一些超常的经验。这种无始终、无限量、光明、清净、喜乐的宗教经验,依佛法说,浅一些的是幻境,深一些的是定境。由于神教者缺乏缘起无我的深观,所以用自我的样子去拟想他,想像为超越的万能的神,与旧有的人类祖神相结合。有宗教经验的,或玄学体会的,大抵有万化同体、宇宙同源的意境。如庄子说:"天地与我同根,万物与我并生。"墨子的"明天"、婆罗门教的梵,都有一种同体的直觉,而多少流出泛爱的精神。然而,平等一如,本是事事物物的本性。由于不重智慧,或智慧不足,在定心或类似定心的映现中,复写而走了样,才成为神,成为神秘的宇宙根源。佛法说:慈悲喜舍——四无量定——为梵行,修得就能生梵天。由于定境的浅深,分为梵、光、净天的等级。婆罗门教的梵——或人格化为梵天,与基督教的耶和华相近,不外乎在禅定的经验中,自我的普遍化,想像为宇宙的本源,宇宙的创造者。创造神的思想根源,不但是种族神的推想,实有神秘的特殊经验。唯有定慧深彻、事理如实的佛法,才能清晰地指出他的来踪去迹。

老、庄,有他形而上的体会:"有物混成,先天地生。"这玄之又玄的,并不拟想为神格,而直觉为神秘的大实在,为万化的根源。在这种意境中,老子虽说"六亲不和有孝慈",而实慈为三宝之一。他不满矫揉造作的孝慈,而主张任性与自然的孝慈,真情的自然流露。然而,不能深彻地内观无我,所以慈是孤立的、静止的互不相犯。"民至老死,不相往来";"鸟雀之巢,可攀援而观",缺乏关切的互助的仁爱。这近于印度的隐遁、独善的一流;在老庄的思想中,慈爱是没有积极阐扬的。

基督教的博爱,根源于迷妄的神造说。由于神的缺陷性,虽经过耶稣多少的洗革,还是无法完善。这因为,耶和华本为希伯来的民族保护神，有着战斗与严酷的性格。对于不信者，罪恶者，外邦人的击杀毁灭，神是从来不怜愍的。民族神，必与民族的偏见相结合。所以以色列的民族神，选定了以色列人为"选民"。神要将权柄交给他们，使成为世界的统治者；要把其他的外邦人，置于以色列的统治之下。神的预言，神的恩典，不久要到来。这种完成世界统治的狂想，并不是什么新发明。耶稣革新它，使成为全人类的宗教。然而选民的偏爱，并未丝毫改变。这所以，基督教的世界传道史与侵略者的殖民政策，从来形影不离。到最近，南非的人种歧视，无色人种的澳洲，黑人在合众国的实际地位，还是那样的。在神教徒的博爱中，完全合适。应该被统治的、被废弃的、与神恩无分的外邦人，转化为宗教性的异教徒。在基督教的神学中，永生天国，并不因你的善行，而因于信仰。不信神，不信耶稣，你的什么也没有用。换言之，信我的，属于我的，才是生存；不信我的，不属于我的，便是死亡。这种宗教的独占性、排他性，不但论理不通，实在赤裸裸地表现着非人性的、不民主的狰狞面目。过去欧洲的黑暗时代，对于异教徒，对于科学家的发明而不合神意的，受到教会的迫害、烧杀，这并不希奇，实是神教者的博爱观内涵的应有意义。这种神的博爱观，开始没落为新的世界的黑暗时代。独占的、排他的阶级爱，与"异我者仇"的残酷，永久结合在一起。千百年来，在西方文明中生根而长成的博爱观，现在要享受他自己的果实了。在这昏天黑地的时代，有着"无偏无党"的仁慈者，应该起来釜底抽薪，从根纠正过来！

四　慈悲心与慈悲行

　　慈悲,是佛法的根本,佛菩萨的心髓。菩萨的一举手,一动足,无非慈悲的流露。一切的作为,都以慈悲为动力。所以说:菩萨以大悲而不得自在。为什么不得自由自在?因为菩萨不以自己的愿欲为行动的方针,而只是受着内在的慈悲心的驱使,以众生的需要为方针。众生而需要如此行,菩萨即不得不行;为众生着想而需要停止,菩萨即不能不止。菩萨的舍己利他,都由于此,决非精于为自己的利益打算,而是完全地忘己为他。

　　菩萨的慈悲心,分别为慈、悲、喜、舍——四心。慈,是以利益安乐、世出世间的利益,给予众生。悲,是拔济众生的苦难,解除众生的生死根本。喜,是见众生的离苦得乐而欢喜,众生的欢悦,如自己的一样。舍,是怨亲平等,不忆念众生对于自己的恩怨而分别爱恶。“与乐”、“拔苦”,为慈悲的主要内容。然如嫉妒成性,见他人的福乐而心里难过;或者仇恨在心,或者私情过重,不是爱这个,便是恶那个,这决不能引发无私的平等的慈悲。所以菩萨不但要有慈悲心,而且要有喜舍心。慈悲喜舍的总和,才能成为真正的菩萨心。

　　不过,但有悲心是不够的,非有悲行不可。换言之,菩萨要从实际的事行中去充实慈悲的内容,而不只是想想而已。充实慈悲心的事行,名利他行,大纲是:布施、爱语、利行、同事——四摄。布施,或是经济的施与,或是劳力,甚至生命的牺牲,称为财施。从思想去启导,以正法来开示,就是一言一句,能使众生从心地中离恶向善,都称为法施。如众生心有忧恼,或处于恶劣的环境,失望苦痛万分,菩萨以正法来开导他,以方便力来护助他,使众生从忧怖苦恼中出来,这是无畏施。布施有此三大类,可以统摄一切利他行,如离了布施,即没有慈悲的意义了!然而实现利他行,还要有爱语、利行、同事。爱语,是亲爱的语言。或是和颜的善语,或是苦切的呵责语,都从慈悲心流出,使对方感觉到善意,能甘心悦意地接受。否则,如对贫穷或急难者,以轻蔑、傲慢、调笑的语调去布施他,有自尊心的都会拒绝接受施与,或者勉强接受而内心引起反感。又如对人对事的评论,如为善意的,有建设性的,容易使人接受而改善。不然,即使说得千真万确,在对方的反感下,也会引起误会与纠纷的。利行,以现代语来说,即是福利事业。从公共的、大众的福利着想,去施设慈济的事业。同事,是与大众同甘苦。在工作方面,享受方面,都应一般化,与大家一样,这是最能感动人的。菩萨要慈悲利他,不能不讲求方法。爱语、利行、同事,就是使布施成为有效的、能达到真能利益众生的方法。这四者,是慈济众生、和合众生的基本,为领导者(摄)应有的德行。菩萨"为尊为导",但不是为了领导的权威,是为了慈济众生,知道非如此不能摄受众生,不能完成利益人类的目的。从慈悲心发为布施等行,为菩萨所必备的。菩萨的领导,并不限于政治,在任何阶层,不同职业中,有慈悲心行的菩萨,总是起着领导作用。如维摩诘居士,他在一切人中,"一切中尊"。

五　慈悲的长养

慈悲心,是人类所同有的,只是不能扩充,不能离开自私与狭隘的立场而已。由于自私、狭隘,与杂染混淆,所以被称为情爱。古人咏虎词说:"虎为百兽尊,谁敢触其怒!唯有父子情,一步一回顾。"慈爱实为有情所共有的,残忍的老虎也还是如此。所以慈悲的修习,重在怎样地扩充它,净化它,不为狭隘自我情见所歪曲。所以慈悲的修习,称为长养,如培养根蘖,使它成长一样。

据古代圣者的传授,长养慈悲心,略有二大法门。一、自他互易观:浅显些说,这是设身处地,假使自己是对方,而对方是自己,那应该怎样? 对于这一件事,应怎样的处理? 谁都知道,人是没有不爱自己的,没有不为自己尽心的。我如此,他人也是如此。如以自己的自爱而推度他人,设身处地地为他人着想,把他人看作自己去着想,慈悲的心情自然会油然地生起来。《法句》说:"众生皆畏死,无不惧刀杖,以己度他情,勿杀勿行杖。"这与儒家的恕道一致,但还只是扩充自我的情爱,虽能长养慈悲,而不能净化完成。

二、亲怨平等观:除自爱而外,最亲爱的,最关切的,没有比自己的父母、夫妻、儿女了。最难以生起慈悲心的,再没有比怨恨、仇敌了。为了长养慈悲心的容易修习,不妨从亲而疏而怨,次第地扩充。一切人——众生,可分为三类:亲、中、怨。这三者,或还可以分成几级。先对自己所亲爱的家属,知遇的朋友,观察他的苦痛而想解除他，见他的没有福乐而想给予他。修习到：亲人的苦乐，如自己的苦乐一样，深刻地印入自心，而时刻想使他离苦得乐。再推广到中人，即与我无恩无怨的。仔细观察，这实在都是于我有恩的；特别是无始以来，谁不是我的父母、师长？对于中人的苦乐，关切而生起慈心、悲心，修习到如对自己的恩人、亲爱的家人一样。如能于中人而起慈悲心，即可扩大到怨敌。怨敌，虽一度为我的怨敌，或者现在还处于怨敌的地位，但过去不也曾对我有恩吗？为什么专门记着怨恨而忘记恩爱呢！而且，他的所以为怨为敌，不是众生的生性非如此不可，而只是受了邪见的鼓弄，受了物欲的诱惑，为烦恼所驱迫而不得自在。眼见他为非作恶，愚昧无知，应该怜悯他，容恕他，救济他，怎能因自己小小的怨害而嗔他恨他？而且，亲与怨，也并无一定。如对于亲人，不以正法、不以慈爱相感召，就会变成怨敌。对于怨敌，如能以正法的光明、慈悲的真情感召，便能化为亲爱。那为什么不对怨敌而起慈悲心，不为他设想而使离苦得乐呢！以种种的观察，次第推广，达到能于怨敌起慈悲心，即是怨亲平等观的成就，慈心普遍到一切，这才是佛法中的慈悲。慈悲，应长养它、扩充它；上面所说的法门，是最易生起慈悲的修法。

六　慈悲的体验

　　上面所说的长养慈悲，都还是偏约世俗说。一分声闻学者，以为慈悲只是这样的缘世俗相而生起，这决非佛法的本义。依大乘法说，慈悲与智慧并非相反的。在人类杂染的意识流中，情感与知解也决非隔裂的。可说彼此相应相入，也可说是同一意识流中泛起的不同侧面。如转染还净，智慧的体证，也就是慈悲的体现；决非偏枯的理智，而实充满着真挚的慈悲。如佛陀的大觉圆成，是大智慧的究竟，也是大慈悲的最高体现。如离开慈悲而说修说证，即使不落入外道，也一定是焦芽败种的增上慢人！

慈悲可分为三类：一、众生缘慈：这是一般凡情的慈爱。不明我法二空，以为实有众生，见众生的有苦有乐，而生起慈悲的同情。这样的慈爱，无论是大仁、博爱，总究是生死中事。二、法缘慈：这是悟解得众生的无我性，但根性下劣，不能彻底地了达一切法空，这是声闻、缘觉的二乘圣者的心境。见到生死的惑、业、苦——因果钩锁，众生老是在流转中不得解脱，从此而引起慈悲。法缘慈，不是不缘众生相，是通达无我而缘依法和合的众生。如不缘假名的我相，怎么能起慈悲呢！三、无所缘慈：这不像二乘那样的但悟众生空，以为诸法实有；佛菩萨是彻证一切法空的。但这不是说偏证无所缘的空性，而是于彻证一切法空时，当下显了假名的众生。缘起的假名众生即毕竟空，"毕竟空中不碍众生"。智慧与慈悲，也可说智慧即慈悲（"般若是一法，随机立异称"）的现证中，流露真切而悯苦的悲心。佛菩萨的实证，如但证空性，怎么能起慈悲？所以慈悲的激发、流露，是必缘众生相的。但初是执着众生有实性的；次是不执实有众生，而取法为实有的；唯有大乘的无缘慈，是通达我法毕竟空，而仅有如幻假名我法的。有些人，不明大乘深义，以为大乘的体证但缘平等普遍的法性，但是理智边事，不知大乘的现证一定是悲智平等。离慈悲而论证得，是不能显发佛菩萨的特德的。中国的儒家,从佛法中得少许启发,以为体见"仁体",充满生意,略与大乘的现证相近。然儒者不能内向地彻证自我无性,心有限量(有此彼相),不可能与佛法并论。

在体证法性的现观中,《阿含经》中本有四名,实与四法印相契合。

无所有(无愿)——————	诸行无常
无量——————————	所受皆苦
空———————————	诸法无我
无相——————————	涅槃寂静

无量三昧,是可以离欲的,与空、无相、无愿的意义相同。但在声闻佛教的昂扬中,无量三昧是被遗忘了。不知道,无量即无限量,向外谛观时,慈悲喜舍,遍缘众生而没有限量,一切的一切,名为四无量定。向内谛观时,众生的自性不可得,并无自他间的限量性。所以无量三昧,即是缘起相依相成的,无自无他而平等的正观。通达自他的相关性,平等性,智与悲是融和而并无别异的。无量三昧的被遗忘,说明了声闻佛教的偏颇。佛教的根本心髓——慈悲,被忽视,被隐没,实为初期佛教的唯一不幸事件。到大乘佛教兴起,才开显出来。所以佛弟子的体证,如契合佛的精神,决非偏枯的理智体验,而是悲智融贯的实证。是绝待真理的体现,也是最高道德(无私的、平等的慈悲)的完成。唯有最高的道德——大慈悲,才能彻证真实而成为般若。所以说:"佛心者,大慈悲是。"

八　自利与利他

一　问题的提出

　　民国三十五年的冬天,我在武院住。汉口罗云樵先生转来一篇对于佛法质疑的文稿,这本是要在报上发表的,罗先生爱护佛教,希望我们能给予解答,然后一起发表出来。据说质疑者是一位家庭佛化的青年女子,经常从老父那里听闻佛法。她对于佛法并无恶意,而只是不能起信。凭她所理解的——是她父亲所常说的,觉得佛法非常伟大,而某些是不免有问题的。问题一共有二十几个,这不是不可解答的,而是并不容易解答的。我三推四托,就延搁了下来。最近,听说罗先生在香港,想来台湾。这个消息,使我想起了七年前那则一直未了的公案。

　　问题中,有关于慈悲利他的,质疑的大意是说:"佛教的慈悲利他精神,确是极伟大的! 然而,谁能利他呢? 怎样利他呢? 这非先要自己大彻大悟,解脱自在不可。这样,中国佛教界,究有多少大彻大悟而解脱自在的? 如仅是极少数,那么其他的大众都不够利他的资格,唯有急求自利了。这似乎就是佛教口口声声说慈悲利他,而少有慈悲事行的原因吧!大彻大悟而解脱自在的,才能神通变化,才能识别根机,才能为人解粘去缚,如观音菩萨的大慈大悲,寻声救苦。那么佛教慈悲利他的实行,可说太难了,太非一般的人间事了!"这样的疑难,当然并不恰当。然而这决非她的恶意歪曲,而确是代表着一分佛教徒的思想。好在这不过是一分,而且是不能代表圆正佛教的一分。

二　"利"是什么

　　说到利他,首先应明白"利"的意义是什么?利是利益,利乐;是离虚妄、离丑恶、离贫乏、离苦痛,而得真实、美善、丰富、安乐的。自利与利他,就是使自己或他人得到这样的利益安乐。世间法,有利必有弊,有乐就有苦,虽不是完善的、彻底的,然也有世间的相对价值。佛法流行在世间,所以佛教所说的利,除了究竟的大利——彻底的解脱而外,也还有世间一般的利乐。佛教的出现世间,是使人得"现生乐,来生乐,究竟解脱乐"。唯有声闻——小乘人,才偏重于"逮得己利",重于获得个己的解脱乐。说利他,切勿落入声闻窠臼,偏重于己利,专重于解脱自在的利乐。如忽略"现生乐",即自己狭隘了佛教的内容,自己离弃了人间,也难怪世人的误会了!

　　利他,有两大类:一是物质的利他,即财施:如见人贫寒而给以衣食的救济,见人疾病而给以医药的治疗,修道路,辟园林等,以及用自己的体力或生命来助人救人。二是精神的利他,即法施:如愚昧的授以知识,忧苦的给以安慰,怯弱的给以勉励;从一切文化事业中,使人心向上、向光明、向中道、向正常、向安隐。这不但是出世法的化导,也以世间正法来化导,使人类养成健全的人格。提高人类的德性知能,为出世法的阶梯。当然,法施是比财施更彻底的。如给贫苦人以衣食的救济,是财施;这只是临时的,治标的。如以正法启迪他,授以知识技能,帮助他就业(除幼弱老耄残废而外),即能凭自己的正当工作获得自己的生活,这比临时的救济要好得多。佛法中,出世法施胜过世间法施,法施比财施更好,然决非不需要财施,不需要世间法施。如专以解脱自在为利,实在是根本地误解了佛法。

即以出世的法施来说,从使人得解脱来说,也并不像一般所想像的偏差。解脱,要从熏修行持得来。小乘行者,初发出离心,即种下解脱的种子;以后随顺修学,渐渐成熟;最后才证真断惑得解脱。大乘行者,初发菩提心,即种下菩提种子;经长时的修行成熟,才能究竟成佛。大乘与小乘,都要经历"种"、"熟"、"脱"的过程。所以出世法的教化,也不只是使人当下解脱自在,才是利他。使人"种"、"熟",难道不是利他?使人当前解脱,非自己解脱不可(也有自己未曾解脱而能使人解脱的事证)。但使人得"种"利,得"熟"利,自己虽并未得解"脱"利,却是完全可能的。所以《涅槃经》说:"具烦恼人"如能明真义的一分,也可以为人"依"(师)。如了解佛法的真意义,不说给人现在安乐的利益,就是专论解脱乐,也决非"非自己先大彻大悟不可"。不过真能解脱自在,利益众生的力量,更深刻更广大而已。质疑者,从非要大彻大悟不可所引起的疑难,本来不成问题。可是一分佛弟子,极力强调当前解脱自在的利益,唱起非自利不能利他的高调。结果,是否做到(解脱的)自利还不得而知,而一切利他事行,却完全忽略了!

三 重于利他的大乘

净化身心,扩展德性,从彻悟中得自利的解脱自在,本为佛弟子的共同目标。声闻道与菩萨道的差别,只在重于自利,或者重于利他,从利他中完成自利。声闻不是不能利他的,也还是住持佛法,利乐人天,度脱众生,不过重于解脱的己利。在未得解脱以前,厌离心太深,不大修利他的功德。证悟以后,也不过随缘行化而已。而菩萨在解脱自利以前,着重于慈悲的利他。所以说:"未能自度先度人,菩萨于此初发心。"证悟以后,更是救济度脱无量众生。所以声闻乘的主机,是重智证的;菩萨乘的主机,是重悲济的。

菩萨道,在初期的圣典中,即被一般称做小乘三藏中,也是存在的,这即是菩萨本生谈。菩萨在三大阿僧祇劫中,或做国王、王子,或做宰官,或做外道,或做农工商贾、医生、船师;或在异类中行,为鸟为兽。菩萨不惜财物,不惜身命,为了利益众生而施舍。阎浮提中,没有一处不是菩萨施舍头目脑髓的所在。他持戒、忍辱、精勤地修学,波罗蜜多的四种、六种或十种,都是归纳本生谈的大行难行而来。这样的慈悲利他,都在证悟解脱以前,谁说非自利不能利他!等到修行成熟,菩提树下一念相应妙慧,圆成无上正等正觉。这样的顿悟成佛,从三大阿僧祇劫的慈悲利他中得来。菩萨与声闻的显著不同,就是一向在生死中,不求自利解脱,而着重于慈悲利他。

初期的大乘经,对于菩萨的三祇修行与三藏所说的小小不同。大乘以为:菩萨的利他行在没有证悟以前,是事行、胜解行,虽然难得,但功德还算不得广大。彻悟的证真——无生法忍以后,庄严净土,成熟众生的利他大行,功德是大多了。因为这是与真智相应,是事得理融的,平等无碍的。大乘分菩萨道为二阶:般若道,凡经一大僧祇劫,是实证以前的,地前的。唯识宗称为资粮位,加行位(到见道位)也名胜解行地。证悟以后是方便道,凡经二大僧祇劫,即登地菩萨,唯识家称为从见道到修道位。大体地说:地前菩萨,虽有胜解而还没有现证,广集无边的福智资粮,与本生谈所说相近。大地菩萨,现证了法界,如观音菩萨等慈悲普济,不可思议。本生谈中的一分异类中行,属于这一阶段的化身。虽有未证悟、已证悟二大阶位,而未证悟前,菩萨还是慈悲利物,决无一心一意趣求解脱自利的。所以据菩萨行的本义来说,质疑者的疑难完全出于误解,根本不成问题。观音菩萨等寻声救苦,是大地菩萨事,然并非人间的初学菩萨行者,不要实践慈悲利物的行为。

不过,一分的后期大乘,自称为大乘的最大乘,上乘的最上乘;至圆至顿,至高至上。不再是大器晚成,而是一心一意地速成急就。于是乎"横出"、"顿超"、"一生取办"、"三生圆证"、"即身成佛"、"即心即佛"等美妙的术语,大大地流行起来。"生死未了,如丧考妣";"生死事大,无常迅速"。这一类声闻的厌离心情,居然活跃于至圆至顿的大乘行者的心中。山林清修,被称美为菩萨的正道,而不再是走向"京都城邑聚落"了。在这种思想中,质疑者的疑难,也自以为不成问题的。因为一切利他功德,本来圆成,不需要向外求索。如一念证悟,即具足六波罗蜜,无边功德,一点也不缺少。在理论上,在心境上,当然言之成理,持之有故。然在一般凡夫的眼光中,这种菩萨的利他功德,不过是宗教徒自心的内容。从表现于实际来看,但见自利,并未利他,并不能免却难者的怀疑。

抗战期中,虚大师从南洋访问回来说:南方的教理是小乘,行为是大乘;中国的教理是大乘,行为是小乘。其实,南方的佛教虽是声闻三藏,由于失去了真正的声闻精神,几乎没有厌离心切、专修禅慧而趋解脱的。缺乏了急求证悟的心情,所以反能重视世间的教化,做些慈善文化事业。而中国呢,不但教理是大乘的最大乘,顿超直入的修持,也是大乘的最大乘。称为大乘的最大乘,实是大乘佛教而复活了声闻的精神——急求己利、急求证入。失去了悲济为先的大乘真精神,大乘救世的实行,只能寄托于唯心的玄理了!

四 长在生死利众生

大乘佛教的修学者——菩萨,如没有证悟,还不能解脱自在,他怎么能长期地在生死中修行? 不怕失败吗? 能自己作得主而不像一般凡夫的堕入恶道,或生长寿天吗? 自己不能浮水,怎能在水中救人? 难道不怕自己沉没吗? 一分学者的专重信愿,求得信心的不退;或专重智证,而趋于急求解脱,急求成佛,这都不外乎受了这种思想的影响。

　　当然，自己不能浮水，不能入水救人。然而，自己离水上岸，又怎么能在水中救人？声闻人急求自证，了脱生死，等到一断烦恼，即"与生死作隔碍"，再不能发菩提心——长在生死修菩萨行。虽然大乘经中，进展到还是可以回心向大的结论，然而被痛责为焦芽败种的，要费多大的方便，才能使他回向大乘呢？要再修多少劫的大乘信心，才能登菩萨地呢？即使回入菩萨乘，由于过去自利的积习难返，也远不及直往大乘的来得顺利而精进。所以大乘经中，以退失菩提心为犯菩萨重戒；以悲愿不足而堕入自利的证入为必死无疑。不重悲愿，不集利他的种种功德，一心一意地自利，以为能速疾成佛，这真是可悲的大乘真精神的没落！

　　在水中救人，是不能离水上岸的。要学会浮水，也非在水中学习不可。菩萨要长在生死中修菩萨行，自然要在生死中学习，要有一套长在生死而能普利众生的本领。但这非依赖佛力可成，也非自己先做到了生脱死，解脱自在，因为这是要堕入小乘深坑的。菩萨这套长在生死而能广利众生的本领，除"坚定信愿"、"长养慈悲"而外，主要的是"胜解空性"。观一切法如幻如化，了无自性，得二谛无碍的正见，是最主要的一着。所以经上说："若有于世间，正见增上者，虽历百千生，终不堕恶趣。"唯有了达得生死与涅槃都是如幻如化的，这才能不如凡夫的恋著生死，也不像小乘那样的以"三界为牢狱，生死如冤家"而厌离它，急求摆脱它。这才能不如凡夫那样的怖畏涅槃，能深知涅槃的功德，而也不像小乘那样的急趣涅槃。在生死中浮沉，因信愿、慈悲，特别是空胜解力，能逐渐地调伏烦恼，能做到烦恼虽小小现起而不会闯大乱子。不断烦恼,也不致作出重大恶业。时时以众生的苦痛为苦痛,众生的利乐为利乐;我见一天天地薄劣,慈悲一天天地深厚,怕什么堕落? 唯有专为自己打算的,才随时有堕落的忧虑。发愿在生死中,常得见佛,常得闻法,"世世常行菩萨道",这是初期大乘的共义,中观与瑜伽宗的共义。释尊在经中说:"我往昔中多住空故,证得阿耨多罗三藐三菩提。"这与声闻行的多修生死无常故苦,厌离心深,是非常不同的。大乘经的多明一切法空,即是不住生死,不住涅槃,修菩萨行的成佛大方便。这种空性胜解,或称"真空见",要从闻思而进向修习,以信愿、慈悲来助成。时常记着"今是学时,非是证时"(悲愿不足而证空,就会堕入小乘),这才能长在生死中,忍受生死的苦难,众生的种种迫害,而不退菩提心。菩萨以"布施""爱语""利行""同事"——四摄法广利一切众生。自己还没有解脱,却能广行慈悲济物的难行苦行。虽然这不是人人所能的,然而菩萨的正常道,却确实如此。

五　慈悲为本的人菩萨行

　　菩萨是超过凡夫的,也是超过二乘的。恋著世间的凡夫心行是世间常事,如水的自然向下,不学就会。一向超出生死的二乘行是偏激的厌离,一面倒,也还不太难。唯有不著世间、不离世间的菩萨行,才是难中之难! 事实确乎如此:凡夫心行,几乎一切都是。释迦佛的会上有的是小乘贤圣,不容易,也还不太难。菩萨,只有释迦与弥勒;这是人间的历史事实。可见菩萨心行是极不容易的,如火中的青莲花一样。大乘经中说:十方有无量无边的菩萨,那是十方如此,而此土并不多见。至于大地菩萨的化现,可能到处都是,但这不是人间所认识的。从此土的缚地凡夫来论菩萨行,如不流于想像、神秘,尊重事实,那是并不太多的。经上说:"无量无边众生发菩提心,难得若一若二住不退转。"所以说:"鱼子、庵罗花、菩萨初发心,三事因中多,及其结果少。"这不是权教,是事实。出世,是大丈夫事,而菩萨是大丈夫中的大丈夫! 如有一位发心得成就不退,对于众生的利益实在是不可度量,如一颗摩尼宝珠的价值,胜过了阎浮提的一切宝物一样。

我们必须认清:名符其实的菩萨,是伟大的! 最伟大处,就在他能不为自己着想,以利他为自利。伟大的,这是我们所应该学习的;弘扬大乘法,景仰佛陀的圆满,菩萨大行的伟业,虽要经历久劫修行,或者暂时中止进行,但一历耳根,万劫不失,因缘到来,终究要从此成佛的。成就不退的菩萨,虽说不会太多,然有顶天立地的大丈夫,自有能真实发菩提心。有信愿、慈悲、空性胜解,正好在生死海中锻炼身手,从头出头没中自利利人。一般能于菩萨行而随喜的、景仰的、学习的,都是种植菩提种子,都是人中贤哲,世间的上士。有积极利他、为法为人的大心凡夫,即使是"败坏菩萨",也比自了汉强得多! 这种慈悲为本的人菩萨行,浅些是心向佛乘而实是人间的君子——十善菩萨;深些是心存利世、利益人间的大乘正器。从外凡、内凡而渐登贤位的菩萨,没有得解脱的自利,却能为一切众生而修学,为一切众生而忍苦牺牲。渐学渐深,从人间正行而阶梯佛乘,这才是菩萨的中道正行。真能存菩萨的心胸,有菩萨的风格,理解菩萨利他的真精神,哪里会如丧考妣地急求己利?

佛教的利他真精神,被束缚、被误会、被歪曲,这非从根救起不可! 这非从菩萨道的抉择中,把它发挥出来不可! 这才能上契佛陀的本怀,下报众生的恩德。也唯有这样,才能答复世间的疑难!

九　慧学概说

一　佛学之要在慧学

唯慧学足以表彰佛法之特色

佛法甚深如海，广大无边，而其主要行门，则不外乎信愿、慈悲、智慧。其余的种种功行，都不过是这三者的加行、眷属、等流。所以修学佛法，必须三者相摄相成，圆备的修持，始能臻于圆满的境地。虽然初入佛门的人，由于根性与兴趣的不同，对这或不免有所偏重，但只是初学方便如此，若渐次向上修学，终必以这三者的圆满修证为目的。

虽则如此，在一切宗教中，最足以代表佛教的特质，也即能显出异于其他宗教的殊胜处，却在智慧，所以佛教是理智的宗教。对于世间任何一个宗教，我们不能说它没有少分的智慧，不过一般宗教总是特重信仰，或仁爱心行的表现。唯有印度宗教在含摄信仰和慈爱之外，更注重智慧的一面。故一般地说，印度宗教是宗教而哲学，哲学而宗教的。佛教出现于印度宗教文化的环境中，对这方面当然也是特别重视的。可是依佛教的看法，一般印度宗教所讲的修行证悟，尽管体验得某种特胜境界，或发展而为高深的、形而上的哲理，都不能算为真实智慧的完成，而只是禅定或瑜伽的有漏功德。释尊成道以前，曾参访过当时的著名宗教师——阿罗逻迦蓝等，他们自以为所修证的已达最高的涅槃境界，而据佛的批判，却只不过是无想定及非非想定等，仍然不出三界生死。所以，其他宗教虽也能去除部分烦恼（甚至大部分烦恼），内心也可获得一种极高超、极微妙，自由自在的相似解脱境界，但因缺少如理的真实慧，不能从根解决问题。一旦定力消退，无边杂染烦恼又都滋长起来，恰如俗语中说："野火烧不尽，春风吹又生。"佛教之所以成为佛教，即因具有超越一般宗教的禅境，而着重于智慧的体验生活。我们修学佛法，若不能把握这一核心，或偏重信仰，或偏重悲愿，或专重禅定，便将失去佛教的特质。虽然这些都是佛教所应有的，但如忽视智慧，即无以表现佛教最高无上的不共点。

唯慧学能达佛教之奥处

佛法的完整内容，虽然有深有浅，或大或小，包含极广，但能超胜世间一切宗教学术的法门（出世法），主要是智慧。约声闻法说，有三增上学，或加解脱而说四法，即概括了整个声闻法门的纲要。依戒而能够修得正定，依定才能够修慧，发慧而后能得解脱。这三增上学的层次，如阶梯的级级相依，不可缺一。然究其极，真正导致众生入解脱境的，是智慧。又如大乘法门，以六波罗蜜多为总纲——依布施、持戒、忍辱、精进广集一切福德资粮;依禅定而修得般若波罗蜜多,才能成就大乘果证,断尽所有生死烦恼。故大乘圣典中,处处赞说:于无量劫中,遍修无边法门,而不如一顷刻间,于般若波罗蜜多经典四句偈等,如实思惟受持奉行。由此可见,无论大乘法、声闻法,如欲了生死、断烦恼、证真理,必须依藉智慧力而完成。但这并不是说,除了智慧,别的就什么都不要;而是说,在断惑证真的过程中,慧学是一种不可或缺,而且最极重要、贯彻始终的行门。有了它,才能达到佛法的深奥处。一切出世法门,对这慧学为宗极的基本法则,是绝无例外的。

在这里,值得我们注意的是:在小乘法中,定增上学以外,别有慧增上学。在大乘法中,于禅波罗蜜多之后,别说般若波罗蜜多。从初学者说,修习止门,还有修习观门。慧学总是建立在定学的基础上,而慧学并不是禅定。所以我们对于慧学的认识与修集,应该深切注意,而对修定、修禅、修止等方便,亦不容忽视。有人以为:"依定发慧",若定修习成就,智慧即自然显发出来。这完全误解了佛教的行证意义。如说依戒得定,难道受持戒行就会得定吗? 当然不会,禅定是要修习而成就的。同样的,根据佛法的本义,修得禅定,并不就能发慧,而是依这修成的定力为基础,于定心修习观慧,才能引发不共世间的如实智慧。在这意义上,说依定发慧,决不是说禅定一经修成,就可发慧的。不然的话,多少外道也都能够获得或深或浅的定境,他们为什么不能如佛教圣者一样能够发智慧、断烦恼、了生死呢? 因此,我们应该了解,约修学佛法的通义,固应广修一切法门,而在这一切法门中,唯有慧学直接通达佛教的深奥之处。

唯依慧学能成圣者

修学佛法，虽有种种方便法门，而能否转凡入圣，其关键即全视乎有无真实智慧，智慧可说就是圣者们的特德。如通常所说，有六凡四圣的十法界，这凡与圣的分野，即在觉与不觉（迷）。觉，所以成圣；不觉，所以在凡。譬如佛陀一名，意译就是觉者，即能觉悟宇宙人生的真理，觉了万有诸法的事相。佛因具有这种能觉能照的圆满智慧，所以名为觉者。同时又被称为世间解、正遍知；佛所证得的究竟果德，也称作无上正等觉。佛，无论从名号或果德（名号实依果德而立）去看，都以觉慧为其中心。不但佛是这样，即菩萨二乘，也不离觉慧。菩萨，具称菩提萨埵，意译觉有情，可解说为觉悟的有情。如龙树说："有智慧分，名为菩萨。"小乘中的辟支佛，译为独觉或缘觉。声闻一名，也是闻佛声教而觉悟的意义。佛、菩萨、独觉、声闻四圣，皆依智慧以成圣，所以都不离觉义——只是大觉小觉之差别而已。

作为佛教特色的觉慧，当然不是抽象的知识，或是枯燥冷酷的理智，而是在悲智理性的统一中，所引发出来的如实真慧。它在修证的历程上，是贯彻始终的。不管自证与化他，都要以智慧为先导；尤其是修学大乘的菩萨行者，为了化度众生，更需要无边的方便善巧。因此经中特别推崇智慧，说它在一切功德中，如群山中的须弥山，如诸小王中的转轮圣王，是超越一切功德，而为一切功德的核心。大乘经说："依般若波罗蜜多故，摄导无量无数无边不可思议功德，趣向临入一切智海。"声闻乘教也说："明（慧）为一切善法之根本。"智慧为一切功德之本，修证要依智慧而得圆满究竟,这是佛法所一致宣说的。在一切法门中,对这圣者之基的慧学,应格外地尊重与努力!

二　慧之名义与究极体相

慧之名义

慧,在大小乘经论里,曾安立了种种不同的名称,最一般而常见的,是般若(慧)。还有观、忍、见、智、方便、光、明、觉等。三十七道品中的正见、正思惟、择法等也是。大体说来,都是慧的异名,它们所指的内容虽没有什么大差别,但在佛法的说明上,这些名称的安立,也有着各自不同的特殊含义。

诸异名中,般若(慧)、阇那(智)、毗钵舍那(观)三者,显得特别重要。它们在共通中所有的不同意义,也有更显著的分别;当然,其真正体性仍然是没有差异的。般若一名,比较其他异名,可说最为尊贵,含义也最深广。它的安立,着重在因行的修学;到达究竟圆满的果证,般若即转名萨婆若(一切智),或菩提(觉),所以罗什说:“萨婆若名老般若。”般若所代表的,是学行中的因慧,而智与菩提等则是依般若而证悟的果慧。再说慧、观二名义:慧以“简择为性”;约作用立名,这简择为性的慧体,在初学即名为观。学者初时所修的慧,每用观的名称代表,及至观行成就,始名为慧。其实慧、观二名,体义本一,通前通后,只是约修行的久暂与深浅,而作此偏胜之分。我们如要了解慧的内容,就不可忽略观的意义。关于观的名义,佛为弥勒菩萨说:

"能正思择，最极思择，周遍寻思，周遍伺察，若忍、若乐、若慧、若见、若观，是名毗钵舍那（观）。"分别、寻伺、观察、抉择等，为观的功用；而这一切，也是通于慧的。慧也就是"于所缘境简择为性"。修习观慧，对于所观境界，不仅求其明了知道，而且更要能够引发推究、抉择、寻思等功用。缘世俗事相是如此，即缘胜义境界，亦复要依寻伺抉择等，去引发体会得诸法毕竟空性。因为唯有这思察简择，才是观慧的特性。《般若经》中的十八空，即是寻求诸法无自性的种种观门。如观门修习成就，名为般若；所以说："未成就名空，已成就名般若。"因此，修学佛法的，若一下手就都不分别，以为由此得无分别，对一切事理不修简择寻思，那他就永远不能完成慧学，而只是修止或者定的境界。

慧之究极体相

初习慧学，总是要依最究竟、最圆满的智慧为目标，所以对于慧的真相如何，必先有个概括的了解，否则因果不相称，即无法达到理想的极果。现在所指的智慧，是约菩萨的分证到佛的圆满觉而说的。大乘佛法所宣示的慧学，龙树曾加以简别说：般若不是外道的离生（离此生彼）智慧，也不是二乘的偏真智慧；虽然约广泛的意义说，偏真智与离生智，也还有些相应于慧的成分，但终不能成为大乘的究竟慧。真实圆满的大乘智慧，其究极体相，可从四方面去认识：

一、信智一如：谈到智慧，并非与信心全不相关。按一般说，一个实在的修行者，最初必以信心启发智慧，而后更以智慧助长信心，两者相关相成，互摄并进，最后达到信智一如，即是真实智慧的成就。在声闻法中,初学或重信心(信行人),或重慧解(法行人);但到证悟时,都能得四证信——于佛法僧三宝及圣戒中,获得了清净真实信心,也即是得真实智慧,成就证智,这即是小乘的信智一如。大乘经里的文殊师利,是大智慧的表征,他不但开示诸法法性之甚深义,而且特重劝发菩提心,起大乘信心,所以称文殊为诸佛之师。依大乘正信,修文殊智,而证悟菩提,这是大乘法门的信智一如。二、悲智交融:声闻者的偏真智慧,不能完全契合佛教真义,即因偏重理性的体验生活,慈悲心不够,所以在证得究竟解脱之后,就难以发大愿,广度众生,实现无边功德了。菩萨的智慧,才是真般若,因为菩萨在彻底证悟法性时,即具有深切的怜愍心,广大的悲愿行。慈悲越广大,智慧越深入;智慧越深入,慈悲越广大,真正的智慧,是悲智交融的。大乘经说:悲心悲行不足,而急求证智,大多堕入小乘深坑,失掉大乘悲智合一的般若本义,障碍佛道的进修。三、定慧均衡:修学大乘法,如偏重禅定而定强慧弱,或偏重智慧而慧强定弱,都不能证深法性,成就如实慧。分别、抉择的慧力虽强,而定力不够,如风中之烛,虽发光明而摇摆不定,容易熄灭。如阿难尊者,号称多闻第一,但到佛入涅槃,仍未证阿罗汉果,就因为重于多闻智慧而定力不足。反之,如定功太深而慧力薄弱,也非佛法正道。因深定中,可以引发一种极寂静、极微妙的特殊体验,使身心充满了自在、轻安、清快、妙乐之感。在这美妙的受用中,易于陶醉满足,反而障碍智慧的趣证。所以经论常说:一般最深定境反而不能与慧相应,无法证悟。龙树说:七地菩萨"名等定慧地",定慧平等,才得无生法忍。到此时深入无生,是不会退失大乘的了。四、理智平等：真实智慧现前，即证法性深理。约名言分别，有能证智、所证理，但在证入法界无差别中，是超越能所的，所以真实智慧现证时，理与智平等，无二无别。如经中说："无有如外智，无有智外如。"

以上四点，是智慧应有的内容。其中信智一如、定慧均衡、理智平等，可通二乘偏慧，唯悲智交融是大乘不共般若的特义。大乘般若，绝非抽象智慧分别，亦非偏枯的理性，而是有信愿、有慈悲、极寂静、极明了，充满了宗教生命的。所以能够契悟法性的大乘慧，都含摄得慈悲、精进等无边德性。依般若慧断烦恼，证真理，能得法身，这是大乘佛法的通义。法身，即无边白法所成身，或无边白法所依身，都是不离法性而具足无边功德的。所以佛证菩提，或成究竟智，皆以智慧为中心，而含摄得一切清净善法。我们对于慧学的修习，既要了解智慧的特性，又得知道真实智慧必与其他功德相应。如经说：般若摄导万行，万行庄严般若。在修学的过程中，对信愿、慈悲，以及禅定等等，也要同时随顺修集，才能显发般若真慧。

三　智慧之类别

三种智慧

由于诸法性相的穷深极广，能通达悟解的智慧，也就有浅深理事等类别。现举最重要的，教典中常提示到的来略说。智慧或归纳为三种智慧，这又有好几类。一、"生得慧"、"加行慧"、

"无漏慧",这三慧是常见的一种分类。生得慧,即与生俱来的慧性,我们每个人——甚至一切众生,都不能说没有一些慧力,因为每一个活跃的有情,在它的现实生活中,对所知的境物多少总得具有一点分别抉择的知能。就以人类说,无论愚智贤不肖,大家生来就具备了抉择是非、可否等智能,这就是生得慧的表现。不过这种生得慧,也还要靠后天的培养与助成,如父母师长的教育,社会文化的熏陶,以及自己的生活经验等,都是助长发展生得慧的因缘。有了这一切良好的助缘,人类的生得智慧才能充分地发展出来。人类是平等的,世界上的任何民族都同样具备了这生得慧,只要有良好的教育,完善的环境,就可以普遍地提高民智;所谓民族性的优劣,都只是限于后天的因素,论到生而成就的慧能,只是显发与不显发,并没有本质上的差等。我们修学佛法,或听经闻法,或披阅钻研,而对佛法有所了解,甚至能够说空说有,说心说性,或高论佛果种种圣德,重重无碍的境地,这能知能解的慧力,大抵仍属于生得慧。因为这是一般知识所能做到,与普通的知识并无多大差别。学佛者如果停滞于此,自满自足,而不加紧力求上进,那么他在佛法中所能得到的,不过一般世间的学问而已——虽然他所知解的,全部是佛法。依生得慧知解佛法,为修学佛法的第一步骤,也是深入佛法的一种前方便,实还不是佛教特有的慧力。加行慧,与生得慧大有不同,它不但有高度的理解、思考、抉择等智力,而且是依于坚固信念,经过一番的专精笃实行持,而后才在清净的心中流露出来的智慧。这种智慧,完全由于佛法加行力的启导,不是世间一般知解所能获致的。此加行慧,教典中又分为三阶段,即闻、思、修三慧。闻慧,本着与生俱来的慧力,而亲近善知识,多闻熏习,逐渐深入佛法。以净信心引发一种类似的悟境,于佛法得到较深的信解。这是依听闻所成就的智慧,所以应名为闻所成慧。不要误会！以为听听经,有了一些知解,便是闻慧成就;须知闻慧是通过内心的清净心念而引发的特殊智慧,它对佛法的理会与抉择,非一般知识可比。思慧是以闻慧为基础,而进一步去思惟、考辨、分别、抉择,于诸法的甚深法性,及因缘果报等事相,有更深湛的体认,更亲切的悟了。这种由于思惟所引生的慧解,名思所成慧。修慧,即本着闻思所成智慧,对佛法所有的解悟,在与定心相应中,观察抉择诸法实相,及因果缘起无边行相;止观双运而引发深慧,名修所成慧。三慧之中,闻慧是初步的,还是不离所闻的名言章句的寻思、理解;思慧渐进而为内心的,对闻慧所得的义解加以深察、思考;修慧的特殊定义,是与定相应,不依文言章句而观于法义。这闻思修慧,总名加行慧,因它还没有到达真正的实证阶段。经过定慧相应、止观双运的修慧成就,更深彻的简择观照,终于引发无漏慧,又名现证慧;由此无漏慧,断烦恼,证真理,这才是慧学的目标所在。但统论修学,必然是依于生得慧,经过闻思修——加行慧的程序,始可获到此一目标。修习慧学的过程,无论大乘或是小乘,都是一致的。如按照天台家的六即说,那么生得慧还是理即阶段;闻思修加行慧,是名字即、观行即、相似即三位;无漏慧才是从分证即到究竟即。所以证悟甚深法性虽为无漏慧事,而欲得无漏慧,不能离去生得慧,更不能忽视闻思修慧。换句话说,如不以闻思修慧为基础,无漏慧即根本不可能实现;断烦恼证真理,自然也就无从谈起了。以无漏慧的断惑证真为修学佛法的究竟目标,而生得及闻思修慧为达此目标的必经方便,这不独是印度经论的一般定说,即中国古德,如天台智者大师等,也都与此不相违反。所以初学佛法所应该注意者,第一、不要将听经、看经,以及研究、讲说,视为慧学的成就,而感到满足高傲。第二、必须认清,即使能更进一层地引发闻思修慧,也只是修学佛法方便阶段,距离究竟目标尚远,切莫因此而起增上慢,以为圆满证得,或者与佛平等。第三、要得真实智慧,不能忽略生得及加行慧,轻视闻思熏修的功行。

二、"加行无分别智"、"根本无分别智"、"后得无分别智",这是专约证入法性无分别而说的。证悟真如法性,与法性相应的如实慧,名根本无分别智。其中经过修行而能证此真如法性的方便,是加行无分别智,即加行慧。通过根本无分别智,而引发能照察万事万物的,即后得无分别智。

三、"世间智"、"出世间智"、"出世间上上智",这是从凡夫到佛果位而分类的三种智慧。世间智,指一般凡夫及未证圣果的学者,所具有的一切分别抉择慧力。出世间智,指二乘圣者超出世间的,能通达苦空无常无我诸法行相的证慧。出世间上上智,佛与菩萨所有的大乘不共慧,虽出世间而又二谛无碍、性相并照,超胜二乘出世的偏真,故称出世间上上智。这种分类,与龙树《智论》的外道离生智、二乘偏真智、菩萨般若智,意义极为相近。

四、《般若经》中又分为:"一切智"、"道种智"、"一切智智",这种序列,是说明了声闻、菩萨、佛三乘圣者智慧的差别。声闻、缘觉二乘人,原也具有通达理性与事相的二方面,称为总相智、别相智。但因厌离心切,偏重于能达普遍法性的总相智,故以一切智为名。大乘菩萨亦具二智,即道智、道种智,但他着重在从真出俗,一面观空无我等,与常遍法性相应,一面以种种法门通达种种事相。菩萨度生的悲心深厚,所以他是遍学一切法门的,所谓法门无量誓愿学。真正的修菩萨行,必然着重广大的观智,所以以道种智为名。大觉佛陀也可分为二智,一切智、一切种(智)智。依无量观门,究竟通达诸法性相,因果缘起无限差别,能够不加功用而即真而俗,即俗而真,真俗无碍,智慧最极圆满,故独称一切智智。由这般若经的三类分别,便可见及三乘智慧的不同特性。

二种智慧

在经论中,关于二种智慧的分类,也是有许多的。一、先约声闻经来说,有"法住智"、"涅槃智"。经上说:要"先得法住智,后得涅槃智"。法住智,即安立缘起因果的善巧智慧;必须在有情缘起事相的基础上,才能通达苦空无常无我的诸法实性,而证入涅槃圣地。古人说:"不依世俗谛,不得第一义",也是此意。因为第一义谛,平等一如,无差别相,不可安立、思拟、言说,唯有依世俗智,渐次修习,方能契证。所以修学佛法,切勿轻视因果缘起等事相的解了,而专重超胜的第一义智。因为这样,即容易落空,或堕于执理废事的偏失。

二、大乘法中常说到的二种——事理智慧,异名极多。一般所熟悉的,如《般若经》里的"般若"(慧)、"沤和"(方便);《维摩诘经》即译作慧、方便。般若与沤和——慧与方便,二者须相互依成，相互摄导，才能发挥离缚解脱的殊胜妙用，所以《维摩诘经》说："慧无方便缚，方便无慧缚；慧有方便脱，方便有慧脱。"这二种智慧，《般若经》又称为"道智"、"道种智"；唯识家每称为根本智、后得智。也有称为"慧"与"智"的；有称实智、权智的；或如理智、如量智的。这些分类，在大乘菩萨学中，非常重要。诸法究竟实相，本来平等，无二无别，不可安立，不可思议，但依众生从修学到证入的过程说，其所观所通达的法，总是分为二：一是如所有性，二是尽所有性。如所有性是一切诸法平等普遍的空性，或称寂灭性、不生不灭性；尽所有性即尽法界一切缘起因果、依正事相的无限差别性。由此说菩萨的智慧，便有般若（慧）与沤和（方便）之二种。菩萨所具有的二智，如约理事真俗说，如上所说，一证真如法性，一照万法现象；如约自他觉证说，一是自证空性，一是方便化他。这都是大乘智慧的二面胜用。然在绝待法性中，法唯是不二真法，或称一真法界，本无真俗理事的隔别相；因之，智慧也唯有一般若，方便或后得智，都不过是般若后起的善巧妙用。所以罗什法师譬喻说，般若好像真金，方便则如真金作成的庄严器具，二者是不二而二的。修学佛法，一到功行成就，即先得般若根本智，证毕竟空性；再起沤和后得智，通达缘起，严净佛土，成就有情。此后，真智与俗智，渐次转进渐合，到得真俗圆融，二智并观，即是佛法最究竟圆满的中道智。

其他，关于智慧的分类，经论甚多，除上面举出的三慧、二慧之外，还有如小乘学位的八忍、八智，以及阿罗汉位的尽智、无生智。又如大乘果位的智慧，唯识学系开为：成所作智、妙观察智、平等性智、大圆镜智；密宗又加上了法界体性智，成为佛果的五智(妙观察智、平等性智,通菩萨位)。又如《仁王护国经》,说明从菩萨到佛果位,有五忍。总之,佛法依种种不同意义,不同阶段,安立种种智慧之类别。这类别尽管多至无量无边,而究其极,行者所证,唯一真如法性;能证智慧,亦唯一如如之智;以如如智契如如理,直达圆满无碍的最高境界。

四　慧之观境

三乘共慧

从上面的叙述,我们可以知道,慧是以分别、抉择、寻伺等为性的,那么它所分别、抉择的对象——所观境,是些什么呢?佛曾经说:"若于一法不遍知、不作证,即不得解脱。"(《阿含经》)修学佛法,目的在求解脱,解脱是三乘圣者所共的;而要达到这一目的,必须以甚深智慧,遍一切诸法而通达它。换言之,慧的所观境,即是一切法,于一切法的空无我性,能够通达,究竟悟入。所以佛法最极重视的出世慧,其特质是在一一法上,证见普遍法性。

在慧学中,依行者的根机,可分为二:一、小乘慧——大乘兼有,故又称三乘共慧;二、大乘慧——唯菩萨所特有,不共二乘,或称大乘不共慧。这三乘共慧与大乘不共慧的差别,即是所观境的不同。二乘学者的观境,可说只是"近取诸身",即直接依自我身心作观。菩萨行者,不但观察自我身心,而且对于身心以外的尘尘刹刹、无尽世界,一切事事物物,无不遍观。

经中每说,知四谛即是声闻慧。四谛的内容:苦是有情身心上的生老病死等缺陷;集是造成身心无边痛苦的因缘,也即是招致生死苦果的力量;灭是离去烦恼业因,不起生死苦果的寂灭性;道即导致有情从杂染烦恼、重重痛苦、生死深渊中,转向清净解脱、寂静涅槃的路径。这四谛法门,可谓是沉沦与超出的二重因果观,其重点在于有情的身心。知四谛,就是知有情生死与解脱的因果,并非离却有情身心而去审察天文或地理。以四谛为观境的观慧,又可分为二方面:一是对四谛事相的了知,即法住智;一是对四谛理性的悟证,即涅槃智。事相与理性的谛观,法住智与涅槃智的证得,为三乘共慧应有的内容。佛经中,除四谛之外,又说到缘起。约生命的起灭现象,缘起分十二支,从无明缘行乃至生缘老死,是流转门,是四谛中的苦集二谛;从无明灭到老死灭,是还灭门,是四谛中的灭道二谛。四谛与十二缘起,说明的方式虽有不同,而所说意义则无多大差别。二乘人发厌离心,求了生死、证涅槃,便是依此四谛或十二缘起的观门去修学。所以在小乘教典里,都特别偏重这点。如《成实论》,即依四谛次第开章;南方传来的《解脱道论》,说到慧学,也先以了知五蕴、十二处、十八界、生死果报,种种世间事相入手,然后谈到悟证无常无我之寂灭法性。

声闻者的观慧,虽然偏狭了一些,但他的基本原则,首先着重世出世间一切因果事相的观察,因为若对因果事相不能明了与信解,即不能悟证无生法性。所以阿毗昙学,每从蕴、处、界说起,或从色、心、心所、心不相应行、无为法说起,都是极显明地开示了一一诸法的自相、共相、体性、作用、因、缘、果、报,以及相应、不相应,成就、不成就等。《法华经》的"如是性、如是相……
如是报、如是本末究竟等",也就是这些。虽说唯佛与佛乃能尽
知,但在声闻行者,也绝不是一无所知的——不过知而不尽罢
了。对于事相的阐述,论典最为详尽。古来有将经、律、论三藏
教典,配合戒、定、慧三增上学的,论藏即被视为特重慧学。根据
各种论典的说明,慧学的所明事相,大抵先是:知因果,知善恶,
知有前生后世,知有沉沦生死的凡夫,知有超出三界的圣者……
信解得这些,才算具备世间正见(世俗慧),也就是修习慧学的
初步基础。这自然还不能了生死,要解脱生死,必须更进一步,
知道生死乃由烦恼而来,烦恼的根本在无明;无明即是对于诸法
实相的不如实知,因不如实知而起种种执著,并由执著引致一切
不合正理的错误行为。这无明为本的妄执,主要是无常执常,无
我执我,不净执净,无乐执乐。众生有了这颠倒妄执,即起种种
非法行为,造下无边恶业,而感受生死苦果。因此,慧学的另一
方面,是三法印的契悟。三法印即诸行无常、诸法无我、涅槃寂
静;在一切世间有为法中,如实体证到念念生灭的无常性,众缘
和合的无我性,又能了达一切虚妄不起是寂灭性。彻底悟入三
法印,就是证得清净解脱的涅槃。我们之所以滞留世间,颠倒生
死,其根源就在不能如实证信三法印。关于这,北方有部学派有
广泛的论述和严密的组织。有部虽广说法相,但真正的证悟,是
观四谛、十六行相,而得以次第悟入。不过在各学派中,修证的
方法有顿悟与渐悟的两大主张。如上所说,逐次修证十六行观,
是渐悟;若是顿悟,则不分等次,经无常、苦、空、无我等观慧而悟
入寂灭,即是证入甚深法性。

　　总之,三乘共慧的要义,一方面是谛观一切因果事相,另方面是证悟无常无我寂灭空性。经中说:"诸行无常,是生灭法,以生灭故,寂灭为乐。"从观察到诸行无常,进而体悟寂灭不起的如实性。中国禅宗,把"寂灭为乐"一句改成"寂灭现前"。在修持的过程中,也先观见心法的刹那生灭,进而悟入如如无起无灭的寂灭性,两者意义极为相近。

大乘不共慧

　　如果说三乘共慧的观境是近取诸身,那么大乘不共慧的观境,则是遍于一切无尽法界了。虽然遍观一切,而主要还是着重自我心身。在大乘经中,往往从自我身心的观察,推扩到外界的无边有情、无边刹土、万事万物。这种观境,如《般若经》历法明空所表现的意义,较之二乘当然广大多了。菩萨的悟证法性,也要比声闻彻底。二乘的四谛,是有量观境,大乘的尽诸法界,是无量观境,所以大乘能够究尽佛道,遍觉一切,而小乘只有但证偏真。唯识家说:声闻出离心切,急求自我解脱,故直从自己身心,观察苦空无常而了生死;而大乘菩萨慈悲心重,处处以救度众生为前提,故其观慧不能局限于一己之身,而必须遍一切法转,以一切法为所观境。大乘经论,因观点不同,所揭示的,或重此,或重彼,对于观慧的说明,不免有详略之分。不过综合各大乘教典,事理真俗的二方面,仍然是普遍存在的。在观察事相方面,从因果、善恶、凡圣、前后世等基本观念,更扩大至大乘圣者的身心,无量数的庄严佛土,都为观慧所应见。学佛者最初的如何发心修行,如何精进学习,层层转进,以及需要若干时劫,才算功行圆满,究竟成佛。这种种修学过程的经历情况,即菩萨广大因行的说明,是大乘教典很重要的一部分。另外一部分,是对佛陀果德的显示;佛有无量无边不可思议功德,如现种种身,说种种法,以及佛的究竟身相,究竟国土,如何圆满庄严。菩萨的殊胜因行与佛陀的究竟果德,为大乘经论的主要内容,也是大乘观慧的甚深境界。初学菩萨行,对这只能仰信,只能以此为当前目标,而发诸身行,希求取证。真正的智慧现前,即是证悟法性,成就佛果。而这究竟理性的体证,着重一切法空性。这与小乘慧有两点不同:第一、声闻的证悟法性,是由无常,而无我,而寂灭,依三法印次第悟入;大乘观慧,则直入诸法空寂门。同时,大乘本着这一究极理性,说明一切,开展一切,与无常为门的二乘观境,显然是不同的。经说苦等不可得,即是约此究竟法性而说。大乘教典依据所证观境,安立了种种名字,如法性、真如、无我、空性、实际、不生灭性、如来藏等,有些经总集起来:"一切法无自性空,不生不灭,本来寂静,自性涅槃";或说一切众生本具法性,是常是恒,是真是实。《中观论》说一切法毕竟空,自性不可得,也即是阐示此一意义。第二、声闻者重于自我身心的观察,对外境似不大注意,只要证知身心无我、无我所,就可得到解脱。大乘则不然,龙树所开示的中观修道次第,最后虽仍以观察无我、无我所而得解脱,但在前些阶段,菩萨却要广观一切法空。又如唯识学者,以众生执著外境的实有性,为错误根本——遍计所执自性,所以它的唯识观,虽以体悟平等空性的圆成实为究竟,但未证入此究竟唯识性之前,总是先观察离心的一切诸法,空无自性,唯识所现;由于心外无境,引入境空心寂的境地。大乘不共慧，约事相方面，除生死世间的因缘果报、身心现象，还有菩萨行为、佛果功德等等，都是它的观境。以此世俗观慧的信解，再加以法无我性——法空性的胜义观慧。依闻思修的不断修习转进，最后乃可证入诸法空性——真胜义谛。修学大乘慧，贵在能够就事即理，从俗入真，不使事理脱节，真俗隔碍，所以究竟圆满的大乘观慧，必达理事圆融、真实平等无碍的最高境界。然在初学者，即不能如此，因为圆融无碍，不是众生的、初学的心境。印度诸大圣者所开导的修道次第，绝无一入门即观事事无碍、法法圆融的，而是由信解因果缘起，菩萨行愿、佛果功德下手，然后由事入理、从俗证真，体悟诸法空性，离诸戏论，毕竟寂灭，此后乃能即理融事，从真出俗，渐达理性与事相、真谛与俗谛的统一。无著喻这修证过程如金刚杵，首尾粗大而中间狭小。最初发心修学，观境广大，法门无量；及至将悟证时，唯一真如，无丝毫自性相可得，所谓"无二寂静之门"、"唯此一门"。这一阶段，离一切相，道极狭隘；要透过此门，真实获证彻悟空性，才又起方便——后得智，广观无边境相，起种种行。渐入渐深，到达即事即理、即俗即真、圆融无碍之佛境。中国一分教学，直下观于圆融无碍之境，与印度诸圣所说，多少差别。而禅宗的修持，简要直入，于实际身心受用，也比较得益要多些。在印度，无论中观或唯识，皆以离相的空性为证悟的要点，然后才日见广大，趣向佛果。

五　慧之进修

闻　慧

有些人,由于过去生中修得的宿慧深厚,于现在生,成为一闻即悟的根机。但若将前后世连贯起来,依从初发心到现证的整个历程说,则每个学佛者都要经过闻、思、修的阶段,才能获得无漏现证慧(或称现证三摩地),决没有未经闻、思、修三有漏慧,而可躐等超证的。所以谈到慧学,必然要依循一般进修轨则,分别说明这三有漏慧。现且先从闻慧说起。

在声闻教里,从初学到现证,有四预流支,即"亲近善士,多闻熏习,如理思惟,法随法行"。这即是说,初发心学佛,就要亲近善知识;依善知识的开导,次第修习闻、思、修。大乘教典,在这方面也揭示了十法行:书写、供养、施他、谛听、披读、受持、讽诵、开演、思惟、修习。这些修行项目,有的(前八)属于闻慧,有的(九)属于思慧,有的(十)属于修慧,全在三慧含摄之内。可见闻、思、修三有漏慧,为进修佛法必经的通道,是大小乘佛教一致公认的。虽然慧学的最高目标是在体悟法性,而从修证的整个程序看,决不容忽视闻、思、修的基础。

修习闻慧,古代多亲闻佛说,或由佛弟子的展转传授。因此,亲近善知识,成了闻慧的先决条件。然从各种教典编集流通以后,稍具宿根者,即可自己披读研习,依经论的教示而得正解,修行,成就闻慧。从善知识或经论中所听闻的,是佛菩萨诸大圣者的言教；至于如何听闻学习的方式，圣典里开列甚多，如谛听、问疑，或自己阅读、背诵、书写等，这些都是进求闻慧应修的事项。一般地说，闻慧总由听闻师说，或自研读经论而来，可是最主要的一着，是必须理解到佛法的根本理趣。慧的修证，如上面所说，有三乘共慧与大乘不共慧，观境非常广泛；因果、缘起、佛果功德、菩萨行愿，以及诸法极无自性的甚深空理，无不是慧之对观境界。作为慧学初层基础的闻慧，对于种种名言法相，种种教理行门，自然要尽量广求多闻。然而佛教所重视的，是怎样从无厌足、无止境的多闻中，领解佛法的精要，契悟不共世间的深义。所以按照佛法的根本意趣，闻多识广，并不就是闻慧；多闻博学而能契应三法印或一法印的，才够得上称为闻慧。如小乘经说，能如实谛观无常、无我、涅槃寂灭，是名多闻。大乘教典则以堪闻法性空寂或真如实性为多闻。修学佛法，若不与三法印、一法印相应，即是脱离佛法核心，闻慧不得成就。若能于种种法相言说之中，把握得这个佛法要点，并发诸身心行为，如实修炼与体验，使令心地逐步清净、安静，然后乃能引发闻慧，真正得到佛法的利益。所以闻慧虽是极浅显的、极平实的初层基础，但也需要精进一番，提炼一番，才可获得成就。这在小乘的四预流支，就是多闻熏习。假如衡之以四依，就应该是依义不依语，因为多闻熏习目的是要解悟经论所表诠的义理，而不在名相的积集或文辞的严饰。关于多闻熏习的意义，可从两方面去理会：一、佛法穷深极广，义门众多，如发大乘心的学者，应有"法门无量誓愿学"的广大意欲，勤听多学，一无厌足。二、对于每一法门，要不断地认真研习，以求精熟。这样不间断地积集闻熏和深入，久而久之，内在的心体渐得清净安定，而萌发悟性，一旦豁然大悟，即不离名言义相，而解了甚深佛法。多闻熏习，确是慧学中最重要的一个起点，每个学佛的人，都应该以此为当前目标而趋入！

思　慧

依多闻熏习而成就闻慧，是修学佛法的第一步骤；其次就是对于所闻的佛法，加以思惟抉择。思慧，已不再重视名言章句的闻慧，而是进入抉择义理的阶段了。这在四预流支，即如理思惟；衡以四依，则应依了义不依不了义。合乎正理的思惟抉择，应依了义教，以了义教为准绳，然后衡量佛法，所得到的简择慧才会正确。否则所思所惟，非偏即邪，怎能契合佛法的本义！佛陀的教法，原是一味平等的，但因适应世间种种根性不等的众生，而不得不随机施设无量无边的方便法门，于是一味平等、圆满究竟的佛法，有了了义不了义之分。修习思慧，抉择义理，其原则是：以了义抉择不了义，而不得以不了义抉择了义，因为衡量教义的是否究竟圆满，绝不能以不究竟不圆满的教义为准则的。比方说，佛常宣示无我，但为了引度某一类众生，有时也方便说有我。无我是了义教，究竟说；有我是不了义教，非究竟说。那么我们要衡量这两者孰为正理，必定要依据无我去抉择有我，解了佛说有我的方便意趣，决不能颠倒过来，以有我为了义的根据，而去抉择无我、修正无我。假使不把了义不了义的正确观点认清，而想抉择佛法的正理，那他所得结论与佛法正理真要差到八万四千里了！所以对佛法的思惟抉择，必须根据了义教为准则,所得到见解方不致落入偏失。

了义与不了义的分野,到底是怎样的呢? 大体说来,小乘不了义,大乘是了义;而大乘教里,大部分为适应机宜,也还有不了义的。佛说法时,为鼓励众生起信修学,往往当经赞叹,几乎每一部经都有"经中之王"等类的文字。后世佛子,如单凭这些经里的赞叹语句作为究竟圆满的教证,而去抉择佛法的了义不了义,那是不够的。像这类问题,参考古代著名圣者们的意见,也许可以获得一些眉目。古代的论师们,不大重视经典里的劝修部分,而着重于义理的论证,所以他们的了义不了义说,是可以作为我们依循的标准的。这在印度,有两大系的说法:一、龙树、提婆他们依《无尽意》、《般若经》等为教量,判断诸教典:若说一切法空、无我、无自性、不生不灭、本性寂静,即是了义教;若说有自性、不空、有我,为不了义教。他们本着这一见地,无论抉择义理,开导修行方法,自有一严密而不共泛常的特色。谈到悟证,也以极无自性为究竟的现证慧境,这就成了中观见的一大系。二、无著、世亲他们依《解深密经》等为教量,认为凡立三自性,遍计执无性、依他起、圆成实有性,才是了义教;若主张一切法空,而不说依他、圆成实为有性,即非了义教。他们以此为判教的准绳,衡量佛法教义,另成唯识见的一大系。其修行方法,也就与中观者不同,并以二空所显性为究竟现证。抉择了义不了义,单在经典方面,不易得出结论,那么我们只有循着先圣所开辟的轨则,为自己简择正理的依凭了。这无论是印度的中观见,或是唯识见,甚至以《楞严》、《起信》为究竟教证的中国传统佛教,都各有他们审慎的判教态度和严密的论证方法,我们不妨采取其长处，扬弃其偏点，互相参证，彼此会通，以求得合理的抉择观点，完成明利而纯正的思慧。

修　慧

在三有漏慧的修行过程中，思慧与修慧，同样对于诸法起着分别抉择，只是前者（虽也曾习定）未与定心相应，后者与定心相应。思惟，又译为作意，本是观想的别名，因为修定未成，不与定心相应，还是一种散心观，所以称为思慧。如定心成熟，能够在定中观察抉择诸法实相，即成修慧。心能安住一境——无论世俗现象，或胜义谛理，是为止相；止相现前，对于诸法境界，心地虽极明了，但并非观慧，而是止与定应有的心境。止修成就，进一步在世俗事相上，观因果、观缘起、乃至观佛相好庄严；或在胜义谛中，观法无我、本来寂灭。这不但心地极其寂静明了，而且能够于明寂的心境中，如实观察、抉择，体会得诸法实相。从静止中起观照，即是修观的成就。这是佛为弥勒菩萨等开示止观时，所定的界说。单是缘世俗相获得定心成就，并不能趣向证悟；必须观察一切法无我毕竟空寂，才可从有漏修慧引发无漏的现证慧。修慧虽不能直接取证，但却是到达证悟的必经阶段。四依里的依智不依识，就是修慧的指导标准。识是有漏有取的，以我、我所为本的妄想分别，若依此而进修，不但不得证悟解脱，而且障碍了证悟解脱之路。智则相反地，具有勘破我执、遣除邪见的功能，无自性无分别的慧观，能够降伏自心烦恼，引发现证智慧。

六　慧学进修之成就

成信戒定慧之果

　　慧学的进修，与一切清净功德，总要彼此相应，互为增上，决无离去其他无边行愿，而可单独成就之理。所以严格地说，慧学也因其他功德的熏修而完成，其他无量功德也因慧学的成就而滋长。一切清净功德与慧学，在完善的修证中是相摄相关、互依并进的。大乘经里，说六波罗蜜多展转增上；小乘法中，说五根——信、进、念、定、慧——相互依成，都是慧学与其他行门相应不离的说明。闻、思、修三有漏慧，是到达现证无漏慧应修的加行，也是慧学全部修程的三个阶段。每一阶段的成就，都有若干清净功德跟着生起，现在（约偏胜说）依次第简说如下：

　　一、闻慧成就，即正见具足，同时也是信根成就。初修学者，从多闻熏习中深入佛法，成就闻慧，对于三宝谛理因能见得真、见得正，所以也就可以信得深、信得切。学佛者到了闻慧成就或信根具足的时候，哪怕遭受一切诽谤、威胁、打击，皆不能动其分毫的信念；甚至处于末法时代，或佛法衰落的地方，人们个个都不信佛，他也能独信独行。真实深入佛法，具足正见，并不以别人的信不信，或佛教的盛衰环境，来决定自己对于佛法的信仰。修习慧学，第一步便要起正见、生深信，具备了不计利害得失，勇往直前，而永无退转的坚决信念。二、思慧成就，也即是净戒具足。约大乘说，也就是慈悲、布施、忍辱、精进等功德的成就。我们对于佛法的进修，正信与正解（见）只不过是初步的成就；次一步的功行，便是将所信所解付之于实际行动，让自己的一切身心行为皆能合乎佛法的正道。思慧，就是从听闻信解而转入实际行动的阶段。它虽以分别抉择为性，但却不仅是内在的心行，而且能够发之于外，与外在身语相呼应，导致众生诸行于正途。在佛法的八正道中，先是正见、正思惟，然后乃有正语、正业、正命。这即是说，有了正思惟（思慧成就），无论动身发语乃至经济生活等等，一切都能纳入佛法正轨了。这是由思慧成就而引出圆满的戒德。同时，大乘的净戒，常与悲心相应；在净戒中，可以长养悲心；也唯有具足悲心，才能成就完善的大乘净戒。悲心与净戒，有着密切的关联性。佛教的制戒，原来具有两面性的意义：一是消极的防非止恶，一是积极的利生济世。究其动机与目的，则不外乎自利与利他。自利，可以压制烦恼不生，得到身心清净；利他，乃因见到众生苦恼，不忍再加损害，先是实行不作损他的坏事，即防非止恶的消极表现，继而发为利乐饶益有情的悲行，也就是大乘悲心的成就。所以菩萨受戒，不仅为自净其身而防非止恶，同时尤重饶益有情的积极行动。因此布施、忍辱、精进等大乘功行，都与净戒俱起。三、修慧成就，必从散心分别观察，而到达定心相应，才是修慧，所以修慧即是具足正定——定成就。从修慧不断努力上进，真实无漏慧现前——现证慧成就，即能断烦恼，了生死，成就解脱功德。

前面说到智慧的究极体相，是信智一如、悲智交融、定慧均衡、理智平等，这到大乘无漏慧时，便皆成就——分证。如闻慧的成就，含摄得信根——于三宝谛理决定无疑，即是信智一如的表现。思慧成就,由于净戒的俱起,特别引发了深切的悲愿,而成悲智交融的大乘不共慧。修慧成就,则必与定心相应,是为定慧均衡。现证无漏慧,以如如智证如如理,如智如理平等不二,达到理智平等的最高境界;也是到达此一阶段,四者才能圆具。由此可知,慧学的成就是离不开其他功德的,其他功德也要依慧学才能究竟完成。若离信、戒、悲、定,而专谈高深现证无漏慧,即是妄想。龙树说:"信戒无基,忆想取一空,是为邪空。"空而不能与信戒相应,即落邪恶坑,永远不得现证解脱。关于这点,从前虚大师也曾明确地指出。总而言之,若修慧学而抛却其他无边清净功德,那不管在声闻法,或是大乘教中,都是极不相应的。

成涉俗济世之用

在进修慧学的过程中,一般学佛者,每每只着重在如何证得胜义谛理而又不离世俗事相,所谓从真出俗、即俗即真、事理无碍,使现实生活与最高理性,达到完全的统一。不过智慧的初证,总不免偏重真性的,所以最初证得一切法空性,还需要不断地熏修,将所悟真理证验于诸法事相;然后才能透过真理去了达世俗,不执著,离戏论,真俗圆融而无碍。于是悟理与事行,生活与理性,无往而不相应。把握这一重点,原是不错的,但大乘慧学,更要注意到慧力的扩展。在未成就闻、思、修三慧之前,对于世间的,凡有益人生社会的种种学问,都应该广泛地学习;但如没有佛法闻、思、修的特质作根本,当然只是普通知识而已,与佛法无关。然菩萨发心,以教化众生为要行,必须具有广大的愿欲,遍学一切世出世间无边法门,种种善妙知识。所以菩萨初学,一面修学闻、思、修,一面对于各类学问,也应随分随力广求了知。大乘圣典曾经指出:"菩萨当于五明处学。"因为五明中,除了内明(佛法——包括三乘圣道)是菩萨所应学的根本而外,其他医方、工巧、因明(论理学)、声明(语文学),都是有助弘扬佛法,有利社会民生的学问。菩萨为护持佛法,为利益众生,这些自然不能不学。一个人如果在未得佛慧甚至未信佛以前就多闻博学,对世间知识无不明了通达,那么他若信皈佛教,获得证悟,即能说法无碍,教化无量众生。如舍利弗在学佛以前就是一位著名的学者,所以当他转入佛法,证阿罗汉果后,便成为智慧第一的大圣者了。同时,在修学的过程中,一切世间学问,在体证法空、离诸戏论、一无所得的境界上,似乎都是妄想分别的剩累,但如透过了这一关,却成为菩萨济世利生的大用。有了悟证以后,更应学习以及运用佛法,使世学与佛法融通无碍。菩萨不但是道智,而且是道种智,这是一般所不大注意的。真正的大乘慧学,不但重视观境与生活的相应、理性与事相的统一,而且能够博通一切世学,容摄无边微妙善法,使一切世间学无碍于出世的佛学,并成为佛法利益众生的善巧方便。

(常觉记)

十　解脱者之境界

一　解脱即是自由

解脱，是学佛所仰求到达的，是最高理想的实现。我们是初学，没有体验得，至少我没有到达这一境地，所以不会说，不容易说，说来也不容易听。如没有到过庐山，说庐山多少高，山上有什么建筑，有怎样的森林、云海，那都是说得空洞，听得渺茫，与实际相隔很远的。佛与大菩萨的解脱，体会更难，现在只依凭古德从体验而来的报告，略为介绍一二。

解脱，是对系缚而说的。古人称做解黏释缚，最为恰当。如囚犯的手足被束缚，受脚镣手铐所拘禁，什么都不自由，除去了系缚，便得自由。人（一切众生）生活在环境里，被自然、社会、身心所拘缚、所障碍，什么都不得自由。不自由，就充满了缺陷与忧苦，悔恨与热恼。学佛是要从这些拘缚障碍中透脱过来，获得无拘无滞的大自在。三乘圣者，就是解脱自由的实证者。

在自然、社会、身心的环境中，也可说有系缚与非系缚的。如砖石乱堆一起，会障碍交通，便是系缚。如合着建屋的法则，用作建筑材料,那就可筑成遮风避雨、安身藏物的处所,增加了自由。如长江大河,疏导而利用它,可成交通运输、灌溉农田的好工具。否则,河水泛滥,反而会造成巨大的损害。社会也是如此,身心也如此,不得合理的保养、休息、锻炼,也会徒增苦痛。然而使我们不得自在的系缚力,使我们生死轮回而头出头没的最根本的系缚力,是对于(自然、社会、身心)环境的染著——爱。内心的染著境界,如胶水的黏物、磁石的吸铁那样。由于染著,我们的内心起颠倒、欲望,发展为贪、嗔、痴等烦恼,这才现生为他所系缚,并由此造业而系缚到将来。我们触对境界而生起爱嗔、苦乐,不得不苦、不得不乐,这不是别的,只是内心为事物所染著,不由得随外境的变动而变动。学佛的,要得解脱与自由,便是要不受环境所转动,而转得一切。这问题,就在消除内心的染爱、执著,体现得自在的境地。佛问某比丘:你身上穿的衣服,不留意而被撕破了,你心里觉得怎样? 比丘说:心里会感到懊丧。佛又问:你在林中坐禅,树叶从树上落下,你感到怎样? 比丘说:没有什么感触。佛告诉比丘说:这因为你于自己的衣服,起我所执而深深染著的关系。树叶对于你,不以为是我所的,不起染爱,所以才无动于衷。佛陀的这一开示,太亲切明白了! 平常的家庭里多有意见,或者吵闹,这因为父子、兄弟、夫妻之间构成密切关系,大家都起着我、我所见,所以容易“因爱生嗔”。对于过路的陌生人,便不会如此。我们生活在环境中,只要有了染著,便会失去宁静,又苦又乐,或贪或恨。从我的身体、我的衣物,到我的家庭、我的国家,凡是自己所关涉到的,无论爱好或嗔恨,都是染著。好像是到处荆棘,到哪里便牵挂到哪里。

听到声音,心就被音声钩住了;看见景色,心便被景色钩了去。好猎的见猎心喜;好赌的听见牌响,心里便有异样感觉。我们的心,是这样的为境所转,自己作不得主。求解脱,是要解脱这样的染著。任何境界,就是老死到来,也不再为境界所拘缚,而能自心作主,宁静地契入于真理之中。对事物没有黏著,便是离系缚得解脱了。烦恼染爱,无始以来一直在系缚我们,所以忧苦无边,如在火宅。真的把染爱破除了,那时候所得到的解脱法乐,是不可以形容的。好像挑着重担的,压得喘不过气来,一旦放下重担,便觉得浑身轻快。又如在酷热的阳光下,晒得头昏脑胀,渴得喉干舌硬,忽而凉风扑面,甘露润喉,那是怎样的愉快!解脱了的,把身心的烦累重压解消了,身心所受的"离系之乐",轻安自在,唯有体验者才能体会出来。总之,解脱不是别的,是大自在的实现,新生活的开始。

二　解脱的层次

佛法说有二种解脱:一、心解脱,二、慧解脱。这虽是可以相通的,而也有不同。如画师画了一幅美女或一幅罗刹,因为人的认识起了错误,以为是真的美女或罗刹,于是生起贪爱或者恐怖,甚至在睡梦中也会出现在面前。事实上,哪里有真的美女或罗刹呢!这种贪爱与恐怖等,只要正确地认识它——这不过假的形像,并没有一点真实性;能这样的看透它,就不会被画师笔下的美女与罗刹所迷惑了。我们的生死系缚不自在,也是这样,依无明为本的认识错误,起染爱为主的贪嗔等烦恼、忧愁等苦痛。如能以智慧勘破无明妄执,便能染著不起而无忧无怖。离无明,名为慧解脱,是理智的。离爱,名心(定)解脱,是情意的。这二方面都得到离系解脱,才是真解脱。

佛法的解脱,廓清无明的迷谬、染爱的恋著,所以必须定慧齐修。但外道的修习禅定,也有修得极深的,对五欲等境界、名位等得失,都能不起贪等烦恼。不知真实的,以为他是断烦恼了,何等自在呀! 其实这不是根本解决,如石压草一样,定力一旦消失了,烦恼依旧还生。这如剿匪一样,倘不施予感化,兵力一旦调走,匪会再活动起来。若能施以道德的感化、生活的指导,使成为良民,地方才会真的太平。所以,系缚我们的烦恼,必须用智慧去勘破它,而不能专凭定力。佛法重智慧而不重禅定,理由就在此。然而,一分佛弟子,仅有一点共凡夫的散动慧解,这对于解脱,不能发生多大力量。有的着重真慧,依少些未到定力,能断烦恼,了生死,这称为慧解脱。这样的解脱,从了生死说,是彻底的;但在现实身心中,还不算圆满。所以定慧均修,得"俱解脱",才契合解脱的理想。

专约慧证的解脱说,人类对于事事物物,处处起执著,处处是障碍,不得自在。要破除执障而实现解脱,在修持的过程上,略可分为三阶。一、于千差万别的事相,先求通达(外而世界,内而身心)一切法的绝对真如——法法本性空,法法常寂灭。真如是绝对平等而无差别的,可是我们(一切众生)从无始以来,一直在无明的蒙蔽中,于一一境界取执为一一的实性。由此,我见我所见,有见无见,常见断见,无边的葛藤络索,触处系著。如能从幻相而悟入平等无差别的法性,即能从执障中透出,而入于脱落身心世界的境地。古人说："见灭得道"，"见空成圣"，"入不二门"，大旨相同。如不能透此一门，一切谈玄说妙，说心说性，都不相干。二、虽然要悟入空性无差别（或称法界无差别），而不能偏此空寂，偏了就被呵为"偏真"、"沉空滞寂"、"堕无为坑"。原来，理不碍事，真不坏俗，世界依旧是世界，人类还是人类。对自然、社会、身心，虽于理不迷，而事上还需要陶冶。这要以体悟的境地，从真出俗，不忘不失，在苦乐、得失、毁誉，以及病死的境界中去陶炼。换言之，不仅是定心的理境，而要体验到现实的生活中。三、功行纯熟，达到动静一如、事理无碍。醒时、睡时，入定、出定，都无分别，这才是世法与出世法的互融无碍，才能于一切境中得大自在。关于悟入而心得解脱，本有相似的与真实的，浅深种种，不过从理而事，到达事理一致的程序，可作为一般的共同轨辙。

三　解脱的重点

解脱，从体悟真性而来。体悟，是要离妄执、离一切分别的。在修行趣证的行程中，合理的分别是必要的。但在临近悟入的阶段，善的与合理的分别，都非离却不可。经上说："法尚应舍，何况非法？"论上说：先以福舍罪，次以舍舍福。佛见、法见、涅槃见，都是"顺道法爱生"，对于无生的悟入是有碍的，古人所以要"佛来佛斩，魔来魔斩"。所以说："欲除烦恼重增病，趣向真如亦是邪。"你不见，白云乌云，一样的会遮碍日光？金索铁索，一样的会拘缚我们吗？

原来，我们所认识的一切，都只是抽象的、幻相的，不是事物的本性。如认识而能接触到事物本身，那我们想火的时候，心里应该烧起来了！为了要表达我们的意境，所以用语言文字；所写的和所说的，更只是假设的符号，并不能表示事物自身。这等于一模一样的米袋放在一起，如不在米袋上标出号码，要使人去取哪一袋，就会无从下手，不知取哪一袋好。语言、文字、思想，都不是事物本身，所以要真实体悟一切法本性，非远离这些相——离心缘相、离语言相、离文字相不可。《中论》也说："心行既息，语言亦灭。"因为如此，法性不但是离名言的，离分别的，离相的，而且唯是自觉的，不由他悟的——"自知不随他"。

再说，语言、文字，以及我们的认识，都是相对的——佛法称之为"二"。如说有，也就表示了不是无；说动，也就简别了静；说此，就必有非此的彼。这都落于相对的境界，相对便不是无二的真性。所以我们尽管能说能想，这样那样，在绝对的真理前，可说是有眼睛的瞎子，有耳朵的聋子。我们成年累月，生活在这抽象的相对的世界，不但不契真理，而反以为我们所触到了解的，就是一切事物的本性，看作实在的。（从五根）直觉而来的经验是如此，推比而来的意识知解，也不能完全不如此。对事对理，既这样的意解为实在性，那么一切的法执、我执，一切贪等烦恼，都由此而云屯雾聚，滋长蔓延起来。所以如实的体悟，非从勘破这些下手不可，非远离这种错觉的实在性不可，非将一切虚妄分别的意解彻底脱落不可！寻根究底，彻底掀翻，到达"一切法不生则般若生"，真觉现前，这才不落抽象的相对界，脱落名言而实现了超越主观客观的觉证，这才是如实的现证一切法真性。所以，法性是不二的、无差别的。无二无别的平等性，不但生活在相对境界的我们想像不到，说不明白，就是真实体验了的，在那自觉的当下，也是"离四句，绝百非"，而没有一毫可说可表的。

人类（众生）有生以来，从来不曾正觉过，一向为无始来的虚妄熏习所熏染，成为生死的妄识。众生的虚妄心识，可说越来越分化了。感情、意志、认识，使内心无法平衡。有时意志力强，有时感情冲动，有时偏于抽象的认识，使内心分崩离析，互相矛盾，有时成为无政府状态。就是我们的认识，不但五识的别别认识形成不同的知识系统；总取分别的意识，受五识的影响而缺乏整全的认识，有时推想起来，又想入非非，不着实际。内心的分化、偏颇，纯为虚妄熏染的恶果。佛法要我们息除虚妄分别，离却妄执，就是要脱落层积的虚妄熏习，扫尽离析对立的心态，而实现内心的一味平等，不离此相对的一切，而并不滞著于一切。圣者的正觉，称为智慧，并非世俗的知识，与意志、感情对立的知识，而是在一味浑融中，知情意净化的统一。浑融得不可说此，不可说彼，而是离去染垢（无漏）的大觉。这与我们专在抽象的概念中、在分裂的心态中过日子，完全是不同的。那正觉现前时，智慧与真理也是无二无别的，活像哑吧吃蜜糖，好处说不出。证见时，没有能知与所知的对立心境，所以说："无有如外智，无有智外如。"但这也还是证悟者描写来形容当时的，正在证悟中，这也是不可说的；在不可说中而假设说明，只可说是平等不二，所以称为"入不二法门"或"入一真法界"。由此，解脱必须证悟，而悟入的重点在乎离分别。这是除了般若而外，什么也是不能实现的。

　　佛教中，有一通俗的——返本还源的思想，以为我们的心识本来是清净光明的，没有一毫杂染；因客尘烦恼的蒙蔽，所以迷真而流转生死。本来如此；我们现在的心体，也还是如此。如能离却妄染，本来清净的自心便会显露出来。其实，"是心非心，本性净故"，显示心性的空寂（净即空的异名）。本来如此，是说明它的超越时空性，并非落在时间观念中，想像为从前就是如此。决非先有清净，后有尘染，而可以解说为"从真起妄，返本归真"的。彻底地说起来，不但不是先真而后妄，在现实中，反而是由于妄想，才能正觉。如低级众生，也有分别影像，可是不明不利。人的意识力特强，为善为恶，妄想也特别多。他可能堕得极重，也可能生得最高。人类有此虚妄分别，而且是明确了别的意识，才会知道自己的认识错误；知道抽象概念，并非事物的本来面目，这是一般众生所不易做到的。由于人类的虚妄分别，发展到高度（"忆念胜"），才能积极修证，达到超越能所、不落分别的境地。如不解这一点，要远离分别，当然趋于定门，谁还修习观慧引发证智的法门呢！

四　解脱者之心境

　　证得诸法真性的境地，是不可以形容的，如从方便去说，那可用三事来表达。一、光明：那是明明白白的体验，没有一丝的恍惚与暗昧。不但是自觉自证，心光焕发，而且有浑融于大光明的直觉。二、空灵：那是直觉得于一切无所碍，没有一毫可粘滞的。经中比喻为:如手的扪摸虚空,如莲花的不着尘垢。三、喜乐:由于烦恼的滥担子,通身放下,获得从来未有的轻安、法乐。这不是一般的喜乐,是离喜离乐,于平等舍中涌出的妙乐。这三者,是彻悟真性所必具的。但也有类似的,切莫误认。如修习禅定,在心力凝定集中而入定时,也有类似的三事。甚至基督徒等祈祷专精时,也有类似的心境现前(他们以为见到神)。佛法的真般若,从摧破无明中来,不可与世俗的定境等混滥。

得解脱者的心境,与一般人是不同的,现在略说三点:一、不忧不悔:圣者是没有忧虑的,不像一般人的"人生不满百,常怀千岁忧"。圣者又是不悔的。一般人对于已做的事情,每不免起悔心,特别是做了罪恶所引起的内心不安。有忧悔,就有热恼;有热恼,内心就陷入苦痛的深渊。解脱的圣者,已做的不起追悔,未来的不生忧虑,只是行所当行,受所当受的,说得上真正的"心安理得"。古人有未得彻证的,睡不安枕,食不知味;一旦廓然妙悟,便能"饥来吃饭困来眠",吃也吃得,睡也睡得。二、不疑不惑:证解脱的,由于真性的真知灼见,从内心流露出绝对的自信,无疑无惑,不再为他人的舌头所转。不但不为一般所动摇,就是魔王化作佛菩萨来,告诉他"并不如此",他不会有丝毫的疑念。佛有"四无所畏",便是这种最高的绝对自信。三、不忘不失:体现了解脱的(在过程中可能有忘失),于所悟的不会忘失,如不会忘记自己一样。在任何情况下,都能直捷而明确地现前。禅宗使用的勘辨方法,或问答,或棒喝,都是不容你拟议的。如一涉思量,便是光影门头,不是真悟。从前有一故事:某人有了相当的见地,善知识要考验他是否真实的彻悟,就在他熟睡的时候,把他的喉咙扼紧,要他道一句来。此人一醒,即冲口而答,这可见亲切自证者的不忘不失。

解脱者的心量与风度,也多少有不同的:有的得了解脱,在立身处世上,都表现出谨严拔俗的风格。这因为他所体验到的,多少着重于超越一切,所以流露为高尚纯洁的超脱,带点卓立不群、谨严不苟的风度,这大抵是声闻圣者。有的证悟了,表现出和而不流的风格,内心是纯净而超脱的,可是不嫌弃一般人、事,或更能热忱地勇于为法为人。这由于悟入的理境,是遍于一切、不离一切的,大抵是大乘的圣者。这是从悟境而作大类的分别,其实由于无始来的性习不同,声闻与菩萨,都有不同类型的风格。(此下都指解脱者)如贪行人是混俗和光的,嗔行人是谨严不群的,慢行人是勇于负责的(世间圣者,也有"清"、"和"、"任"、"时"等差别)。如约悟境的风格来说,声闻圣者的悟境并不彻底,彻底的是世出世间互融无碍的大乘。

五 解脱者之生活

在日常的生活方面,解脱了的声闻圣者偏重禅味,而漠视外界。他们的生活态度是自足的,"少事少业少希望住",对于人事,不大关心。简朴、恬澹,有点近于孤独。以财物为例,声闻圣者觉得这是毒蛇般的东西,不可习近,有不如无。如果是大乘圣者,一定是拿财物去供养三宝,济施贫病,利用它而并不厌恶它。传说阿育王巡礼圣迹,到薄拘罗尊者的舍利塔时,听随从的人说:这位尊者,生平无求于人,也不与人说法。阿育王嫌他与世无益,只以一钱来供养。哪知当此一钱供于塔前时,钱即刻飞出。阿育王赞叹说:少欲知足到一钱也不受,真是希有! 由此可以想见声闻圣者淡泊自足的生活。他们的内心是充实的,而外面好像是贫乏清苦。大乘圣者的生活态度是富余丰足,也希望别人如此。功德不嫌多,心胸广大,气象万千;于人、于事、于物,从来不弃舍它,也不厌倦它。凡夫虽也是所求无厌的,但都是为着自己,菩萨是为了一切众生。所以菩萨的生活态度,不像声闻圣者的拘谨。在一般人看来,多少有点"不拘小行"。

无论是声闻与菩萨,由信慧深入而来的坚定精进,都是非常有力的。一般所看为艰苦的、根本不可能的,而在圣者们,却能克服它。尤其是菩萨,难行能行,难忍能忍,在宁静恬悦的心境中,胜过了一切。

平常说"八风不动":利、衰、苦、乐、称、毁、讥、誉,对于解脱的圣者,是不会因此而动心的。就是到了生死关头,都能保持宁静而安详自在的心境,不为死苦所烦扰。经中有"欢喜舍寿"的话,即是最好的例证。一般所说的"预知时至",凡夫也可以做到的。临死时身体的不受死苦,在定力深湛的也不是难事(反而,定力不深的阿罗汉还是不免身苦)。"坐亡"、"立脱",那种要死就死、撒手便行的作略,非根除我、我所执的圣者不可。然而,并非每一圣者都表现这样的作略。

经上说:佛入涅槃时,佛弟子中烦恼未断的,痛哭流涕;而烦恼已尽的解脱者,只有世相无常的感觉,默然而已。依一般的眼光来看,一定要说哭的人对;那无动于衷而不哭的,不近人情。其实,真得解脱的,不会为此而哀哭的。如因死而哭,一切众生不断地死,哭都来不及了。中国的庄子,一般人都说他达观。他在妻死的时候,内心的矛盾痛苦无法舒泄,于是才鼓盆而歌。这便是内心不得解脱自在的证明,如真的解脱,固然不必哭,又何必鼓盆而歌呢!

六　解脱与究竟解脱

二乘圣者及菩萨,从证悟而得的解脱,还有不圆满处。如犯罪的,手足被杻械束缚久了,一旦解脱下来,手足的动作总有点不自在。二乘圣者,虽断尽烦恼而证解脱,但烦恼的习气还时时发现。这种习气,虽不碍于生死解脱,不碍于心地自在,而到底还是一种缺点。因为无始来的烦恼多而且重,深刻影响于身心,所以虽由智慧而破除了烦恼,身心仍不免遗剩有过去烦恼的惯习性。这种惯习性,就是习气。声闻圣者有这种习气,事例很多,如毕陵伽婆蹉有慢习、大迦叶的闻歌起舞等。这些习气,菩萨已能分分地消除,但须证得佛果,才能纯净。烦恼与习气消尽,才能到达究竟圆满的解脱境地——佛地。

佛与大地菩萨,解脱的境地太高。二乘的解脱,与学菩萨行者的少分解脱,已使我们可望而不可及,足够为佛弟子的赞仰处,而摄引、鼓舞着学佛法者的向前迈进!

十一　佛教之涅槃观

一　涅槃之意义

我国佛教徒,都说学佛是为了了生死。是的,了生死是佛教的主要目标。真能了生死的,就是得到涅槃。涅槃是学佛者的最高理想,被称为"一切圣者之所归趣"。得涅槃,在佛法中占着主要地位,如神教以生天为最后目标一样。到底什么是涅槃呢? 对于涅槃的意义要有透辟的了解,才会以此目标而尽力以赴,以求得最终理想的实现。然在佛法中,这是甚深而最难理解的,我想从浅入深地加以叙述。

涅槃,是印度话,含有否定、消散的意义。我国古译作"灭"、"灭度",即意味着某些东西的消散了,消除了,又超越了的意思。除了这消散、超越的意义以外,还含得有自由、安乐、舒适的意义,或可用"乐"字来代表;当然这是不同于一般快乐的。唐玄奘译为圆寂:圆是圆满,是应有的一切功德都具足了;寂是泯寂,一切不良的成分都消散了。这就是平等、自在、安乐的理想境地。

"涅槃"这一名词,不是佛所新创的术语。古代婆罗门教及后来的印度教,都可说是以涅槃为归趣的。涅槃,可说是印度文明的共同理想。但名词虽同,内容却不一样。依佛法说,他们的涅槃观,都是不究竟的。最庸俗的,以物欲享受的满足为涅槃。如有一个外道,在饱食以后,拍拍他的肚子说,这就是涅槃了。一般印度宗教的涅槃,如呼吸停止,或心念似乎不起等,自以为涅槃,其实都不外乎禅定的境界。那么佛法的涅槃观,是怎样的呢?

二　从生死说起

一、身心和合·死生相续:要了解涅槃,最好从生死说起。若不明白生死,也就不会理解涅槃。因为涅槃是消散了、安乐了的意义,而消解的就是生死;生死是苦,所以超生死的是乐,这像光明是黑暗的反面一样。那什么是生死呢? 例如人,从入母胎,出生,长大,由壮而老,末了是死:这就是生死的现象。生死有什么问题呢? 因为人并不是死了就完事的。佛法的根本信念是:我们是有情识的有情体,生了会死,而死了并不等于没有,死了还是要生的。现在这一生,也是从过去的死而来的。无始以来,死了又生,生了又死,一直在如此的生死死生的无限延续中。像太阳从东方升起,向西方没落,落而又起,起而又落一样。本来,凡是宗教,都有来生的信仰,信仰死了还有。如死了就没有的话,就根本不成其为宗教。如天主、耶稣教等,说人死了,不是生天国,就是落地狱。可是他们只说未来有,不说过去有。佛法则从死后有生，了解到生前有死，一直是生死死生的无限延续。这样的死生相续，死生就成为问题了。好像一个国家，合久必分，分久必合；乱极则治，治而复乱。有史以来，一直是这样，永久这样下去，真是太无意义，应该有永久的治平，一治永治而不再纷乱才好。这样，我国就有大同的思想。我们每一个有情，也是这样。生在这个世间，为了物质的占有、享受，常常是求之不得。人与人在一起，有种种恩怨，是是非非，也引起苦痛。身体会生病，会衰老，最后是死。人在这从生而死的过程中，种种痛苦，没法解免得了。如死了就什么没有的话，倒也罢了，可是事实并不如此，此生死了，死了又生。而且，有时生到天国，好像快乐些，不久又堕落下来，还到人间，或者堕落到地狱、饿鬼、畜生去。这样的升了又堕，堕了又升，叫你无可奈何地，一生又一生地受苦下去，简直没个了局。这真成为大问题了！

人在世间，或是有钱的，有权势的，有著作的，有发明的，受到人的恭敬、尊重，过着良好的生活。在这得意时，满以为人生是顶理想的。可是时间过去，富的变贫了，权力丧失了，言论成为陈腐，发明又有新的来代替了。自以为满意的人生，成为幻灭，陷于空虚的痛苦中。在这样的生死延续过程中，就发生一种要求，要得到永远的自由、永恒的安乐。这与要求天下大同、永久太平一样。

人是多数怕死的，其实死有什么可怕？怕的是死了又生，生了还是苦，或者更苦，才是无可奈何的事。宗教都有此同一心境，唯有儒者，对此不加重视，所以没有引起生死问题（儒者是不成为宗教的）。孔子说："未知生，焉知死。"对于死后，就这样的不了了之。佛教深刻地注意到此,那怎样去解决呢? 要从人生是苦认识起。应该知道,病痛是苦,健康也一样是苦。事业失败时是苦,富贵在手时,也一样是苦。不但人间是苦,地狱是苦,就是神教徒仰望的天国,也还是苦。因为生天还会堕落人间及地狱,没有解除了堕落的可能性。如国家治平了,随时会成为变乱,因为变乱的可能性始终未曾解决。健康还会衰老,富贵会成为贫贱。人生的本质,是含有苦痛因素的,不能保持永恒的。所以生死的延续过程,始终是苦苦乐乐,哭哭笑笑。这个身心和合、死生相续的自己,就是真正的苦恼。

　　一般宗教,多数把人分为肉体与灵魂。以为人死了,肉体坏了,而灵魂是永恒的,还是那样的,或者生到天上。不但多数的神教这样说,甚至佛教的通俗说,也有类同此说的。一般的灵魂,印度有一特殊术语,叫做"我"。认为这本来是自由的,安乐的,不知怎的(当然各有各的解说),成为世间的苦痛有情,像囚在监牢里似的。能脱出这苦难的尘世,就回复自在与安乐,这都是外道的想法。但一般都作此想:若没有我,谁在生死轮回受苦呢? 又是谁了生死呢? 但佛法不作此说,不承认有此常恒安乐的自我,反认为这种自我的执见、自我的爱染,正是生死苦恼的根源。"无我",这是佛法异于一切宗教的特色。神教的幻想产物——我、灵,经科学考验,解剖分析,都是无法得到的。所以佛但说身心和合,和合的相续的身心,经佛的智慧观察起来,不是别的,只是五蕴,或说六界,或说六处。总之,无非身心的综合活动,形成个体的假我而已。因此,佛法不像外道那样,宣说真我、常我,而说:"但见于法,不见于我。"结胎出生,只是身心综合活动的开始。到死了,旧的组合解体,又有新的组合自体活动开始。前生与后世的死生相续,即是身心的和合活动。

二、报由业感·业从惑起:这是佛教一切学派所公认的事理。众生在从生到死的一生中,在家庭,在社会,为国家,做的事,说的话,真是不计其数。这些身体的活动,语言的表达,都由善性恶性的内心所推动,都会留下一种或善或恶的力量,叫做业,深深地在我们自己的身心中保存着,深切地影响自己,决定自己。这是大家可以体验到的,如前天做了一件好事,一想起来,就会身心愉快。事情虽已过去,影响仍然存在。做了恶事,也是一样。他会内心痛苦,好像大石压在心头,坐卧不宁。甚至不经意所做的,虽然力量极微,也会留存力量。如故意而做的,则成善业恶业,影响力更大。恶业,现生能障碍我们向善,如加入了黑社会,就会受它控制,不容易离开它走上自新的路。这种恶力量,一直支配自己,死了会受到恶业所感的恶果。善业,现生能抗拒恶力量,引发我们向善,将来会因善行而得乐果。行善有善、乐的结果,作恶有恶、苦的结果,这是一定的。平常人都劝人行善止恶,但为什么要行善呢? 一般人总是以为:做好事或坏事,是会影响家庭、社会、国家的。这当然是对的,但影响最深切的,还是我们自己。如人类,有聪明也有愚痴,有强健也有病弱,对人有有缘或无缘,做事有顺利或乖逆,人生千差万别的遭遇,都由于过去的(或是今生以前所作的)业力所感,所以说"报由业感"。这个问题,只有佛才能彻底地说明它,解决它,神教者是无能说明的。有人拉了一个生来就瞎了眼的人,来到耶稣的面前,问:"为什么这个人生下来就是瞎子呢? 是谁的罪呀? 他也是从上帝那里来的,为什么别人的眼睛明亮,而上帝却使他瞎眼呢?"这个问题,在神教中原是不可能解答的。好在耶稣也还聪明,他说:"这不过上帝要在他身上,表现他的大能及权威罢了!"他随手摸了瞎眼一下,眼睛便明亮了。当时,好多人赞美神,相信神的权威。其实,这一问题根本不曾解决。现在世界上千千万万生来就瞎了眼的,到底为了什么? 也是为了显现上帝的权威吗? 假使这千千万万的生盲,死了也还没有得到医治,而是上帝的意思,那上帝是最极残酷的暴君了。像这些,唯有佛法的"报由业感",才能解答问题。换句话说,一生一生所感受的,都从前生的善恶业力所招感。今生作了善恶业,又会感来生的苦乐果。依着业力的影响,众生便无休止的,一生又一生受着不同的果报。自作自受,无关于神的赏罚。

　　生死果报,既由业力而来,那么想解了生死,大家也许以为,把业力取消了就得。可是,业是不能取消(可以减少它的影响力)的,也是不必取消的。佛说:业从惑起,所以断除了惑,生死就解脱了。什么是惑? 惑是烦恼的别名,就是内心种种不正当的、不清净的分子。有人以为:作恶业,从贪、嗔、痴、慢等烦恼所引发,可以说业从惑——烦恼而起。我们整天为国家、为民众服务,这些善业,哪里也从烦恼起呢? 不知道,这还是离不了烦恼。烦恼的根本,是(人无我愚)"我见"。作善作恶,一般人都是为我而作:为我的生活;为我的财富、健康;为我的名誉、权力;为我的家;为我的民族、国家:一切都以我为前提,以我为中心。如不是为了我的,就不感兴趣了。所以不但作恶事,是由烦恼所引起;即使作善事,也还是离不了烦恼。从烦恼而来的善事业,是不彻底的,可以变质的,可以演变而成为恶的。例如办慈善事业,当然是善的。可是为了"我的",见到别人办的同一慈善事业,就会竞争,甚至有意无意地破坏它。好的事情要由我来做,别人做,就不表同情,或者破坏它。这样,好的事情,由于有"我见"在作祟,不是偏执自己的意见,就是偏重自己的利益,结果变坏了。为了我的家、我的国、我的教,处处从我出发,不能说没有一些好的,但是与烦恼杂染相应,有时会演变得害尽世人,如西方神教徒的宗教战争之类。所以,一般人的活动,善的恶的,都不离"自我"的推动力,都是不离烦恼。这样,善的感乐果,恶的就感苦果。在身心的动作时,一切都为着我,一切都拉来摄属于我,最好听我的意见,受我的支配——这就是"我见"的表现。我的意义是"主宰":主是一切由我作主,宰是一切由我支配。我,便是生死的根源,罪恶的根源。我见,像一种凝聚的力量,使一切人、事、社会、国家,都无不通过我见而构成关系,而集合于一(有集合,就有分散,有我也就有人了)。有此我见,形成一种向心力,起着凝聚集合作用。每一众生的身心,不论人或动物,为什么会成为一个个的个体呢?就是因为有了我见,所作的善业或恶业,受我见的影响、摄引、凝聚、招感为有异于其他的个体。如青年男女,结合为一个家庭。后来意见不和,闹翻了,便离婚。可是,一遇到因缘,又结合组织新的家庭。为什么离了又合?这由于自身的要求,为了自我而吸引对方的集合力。众生的个体也如此:老了,死了,身心组合破坏了,但由于我(见与爱)的欲求,引发以我见为本的善恶业力,又感得一新的身心组合、新的个体,生而又死、死而又生地永远延续下去。假使没有这我见的集合力,就能解脱这生死不断的现象。阿罗汉、佛,是已经了脱生死的。但他们在生时,与常人一样,说话,做事,有种种的活动。他们的行业是善的(佛是纯善的),但他们的善行并不会成为招感生死的业力。为什么呢?因为圣者不像我们以"我见"为中心,会集成一个个体,一个破坏了,又要求个体的延续。圣者的我见已经破除了,通达无我,所以一了百了,从此了脱生死。一切人在现实的身心世界中,永远是颠倒的,都有自我永恒的要求(无常计常,无我执我),好像自己是不会死的。等到死到头来,还要求延续,求未来的存在(这叫"后有爱"),所以死了便依善恶业力去感果。如善业有力的,此后感得好果;恶业力强的,就感苦果。所以,未能了生死的,还是多作善业比较妥当。总之,死生由业,业由烦恼,烦恼的根本是我见。我见不破,生死问题永远不能解决。

三　涅槃之一般意义

一、断惑则得涅槃:上面已经说明,要解脱生死,必从断烦恼,断烦恼的根本——我见下手。众生一向在生死中,有生有灭;若了生死而得涅槃,即是不生不灭,不生不灭是涅槃的特性。佛弟子修持定慧,渐断烦恼,现生便能体验到不生不灭的境地,叫做得涅槃。到这,我见为本的烦恼断尽了,发业的力量也没有了,也就不再感生死果。由于不起我见,做一切事不再依自我中心而出发。现在人,都会唱一些高调,什么大公无私啦,为大众谋幸福啦,实则最热心于公共福利的,也不免以我为活动的主力。唯有圣者，从最深彻的智慧中彻底通达无我，才是最高的德行。断烦恼的，必有高超的智慧，自觉到我见消除，烦恼不再起，生死永得解脱。很多人都误会了！以为死了才叫涅槃，不知道真正得涅槃的，绝大多数都是在生存世间时，早就亲切体证到涅槃了。如真能破除我见，体证涅槃的，一切是自由自在，无挂无碍，真是"哀乐不入于胸次"，"无往而不自得"。凡能亲切体验不生不灭的，名为证得涅槃。

现在的佛弟子，很少想现生得涅槃的。不是根机钝，就是太懒散，这才把了生死这个问题，完全推到死了以后。从前，有一位比丘，独自禅坐修行，有一外道见了说："你是在修来生的安乐吧！"比丘答："不，我修的是求现生乐。"因为涅槃的境地是学者现生所能到达的，现生能得大自在、大解脱的。无奈末世的人根钝，不肯精进，无所成就，观念才慢慢地转了，都把了生死与得涅槃看成死后的事。佛教的本意，是注重现生体验的，要现生证得涅槃的。

二、业尽报息则入涅槃：我们的生死身，从过去的业力所感而来。有了这身心组织，便不能没有欠缺，不能没有苦痛。只要你诞生了，这一既成事实，在现生中是不能完全解除的。所以，了脱生死，决不从苦果的改变上去着力，也不从业力的消除上去着力，因为有烦恼才会造业，才会使业感果。如果能证无我，断烦恼，得涅槃，业力就不会起作用，生死的连索便从此截断了。对于这，许多人不明白，发生误会，引出很多疑问。他们以为：有什么业，感什么报，这是佛说的。而且，作业而受果的，即使经过千劫万劫，业力仍永不消失。因此就误解：我们的生死，无法了脱。因为前生作了好多业，还没有受报得了，而今生又作了好多善恶业。将来再感生死时，也还是要造业的。这样，岂不是业力愈造愈多，永远受报不了，这怎能了生死而不受苦果呢？这个想法，就是不知道佛法的因果道理。要知道，有了业要感果，但还要有助缘，烦恼就是业力感果的要缘。如黄豆，是不是会生芽呢？会生长黄豆呢？谁都会说：是的，黄豆会生芽，会生黄豆。但黄豆的生芽结果，还要具足种种的因缘。例如，豆种要没有变坏，要有适宜的温度、水分等。如豆种坏了，或没有水分等缘，它是不会生芽的。例此，业力所以会感生死果，也要烦恼来为它作滋生的助缘。如断了烦恼，没有助缘，业力也就无力生果了。所以说：业尽报息，则入涅槃。业尽的尽，不是没有了，只是过去了，再也起不了作用。这样，烦恼一断，业种就干枯了，生死的果报也就从此永息。

众生都是有情爱的。母子、夫妻等爱，无论爱到怎样深，都是有条件的爱；只有爱自己——我爱，才是无条件的。所以佛说："爱莫过于己。"人爱自己的生存；到了病势严重时，还存有大概会活下去，可能会好起来的欲望。到了绝望时，也要把希望寄于未来，这叫后有爱。有的只要听到死字，就害怕起来。其实，病才痛苦，死了又不知苦痛，怕什么呢？他是怕没有这个"我"呀！怕财富、权位、眷属，都成为不是"我的"呀！由于这我爱的欲求，才会招感生死而不断。如自我的爱见断尽了，永不再感生死苦果；此生的报体结束了，就是入涅槃。出家人死了，一般都说某某和尚入涅槃，这实在太恭维了。如不断烦恼而死去，一定是死生相续，怎能说入涅槃呢？当破了我见，断尽烦恼，证

入法性时,名为得涅槃。涅槃是亲切地体证了,但还不能没有
苦。有此身体存在,饿了还是要吃,冷了还是要穿,辛苦了还是
会疲劳,会老,会病。不过,比平常人不同,虽然身体有苦,而不
致引起忧愁懊恼等心苦,这叫有余涅槃,就是上文的"断惑则得
涅槃"。到最后死了,这个身心的组合离散了,不再引生新的自
体、新的苦果,这叫无余涅槃,也就是"业尽报息则入涅槃"。

四　涅槃之深究

一、蕴苦永息之涅槃:烦恼的根本是我见,是迷于无我的愚
痴,这唯有无我的深慧才能破除它。有了甚深的空(无我)慧,
便能破我见,体验到人生的真理,获得大自在。这是现生所能修
验的,也是圣者所确实证明的。等到此生的报体结束后,不再受
生死果,这就是入涅槃了。大阿罗汉都是这样的,释迦佛八十岁
时,也这样地入了涅槃。如进一层推求,就难于明白。一般人
想:入了涅槃,到哪里去呢? 证了涅槃,是什么样子呢? 关于这,
佛是很少讲到的,总是讲:生死怎样延续,怎样断烦恼,怎样就能
证涅槃。入了涅槃的情形,原是不用说的,说了也是不明了的。
比方一个生盲的人,到一位著名的眼科医生处求医,一定要问个
明白,眼明以后是什么样子的,医生怎么说也没有用吧! 因为他
从来无此经验,没法想像。只要接受医治,眼睛明亮了,自然会
知道,何必作无谓的解说。若一定要问明了才肯就医,那他的眼
睛将永无光明的日子。涅槃也是这样,我们从无始以来都在生
死中转,未曾证得涅槃,所以入涅槃的境地,怎么想也想不到,怎

么说也说不到,正如生盲要知的光明情形一样。佛教是重实证的,只要依着佛的教说——断烦恼、证真如的方法去修习,自然会达到自觉自证,不再需要说明了。

凡夫心境,距离圣境太远了,无法推测,也不易说明。但世人愚痴,总是要作多余的诘问。所以,佛曾因弟子所问而说过譬喻。佛拿着一个火,手一挥动,火就熄灭了。佛问弟子:火到哪里去呢?这不能说火是什么情形,也不能说火到哪里去了。生死灭了,证入涅槃,要问是什么样子,到什么地方去,也与火灭了一样的不可说明。再说一个经中常说的譬喻吧!因冷气而结水成冰,有大冰山,小冰块,什么情形都有,各各差别。这像众生从无始以来,各有烦恼,各各业感,各各苦果,也是各各差别不一。冷气消除了,冰便溶化为水而归于大海。这如发心修行的,断烦恼,解脱生死苦果而入涅槃一样。这时候,如问:冰到哪里去了,现在那块冰是什么样子,那是多余的戏论。既已溶化,不能再想像过去的个体;水入大海,遍一切水中,所以是“无在无不在”。解脱生死而证入涅槃,也是这样,不能再以旧有的个体去想像他。有些人总觉得入涅槃以后,还是一个个的,还是会跑会说的,不过奇妙得很而已。这只是把小我的个体去推想涅槃,根本不对!如说某人入涅槃,是可以的;以为入涅槃后,仍是一个个的,便成大错。如说黄河的水,长江的水,流到海里,是可以这样的。但在流入大海以后,如还想分别:那是黄河水,那是长江水,这岂非笑话。众生为什么在生死海中,不能彻底解脱?就因为以我为中心,执著一个个的个体为自我,总是畏惧没有我,总要有个我才好。因此,永远成为个体的小我,一切苦痛就跟着来了。得了涅槃的,如大小冰块的溶入于大海,岂可再分别是什么样子！到达涅槃,便是融然一味,平等平等。经上说:"灭者即是不可量。"涅槃(灭)是无分量的、无数量的、无时量与空量的。平等法性海中,不可分别,不能想作世间事物:一个个的,有分量,有方所,有多少。从前,印度有一位外道,见人死了,会说:某人生天,某人生人间,某人堕地狱。但一位阿罗汉入灭了,外道看来看去,再也看不出,不知道现在什么地方。这是说明了:入了涅槃,是无所从来,也无所去的;无所在,也无所不在的。我们没有证得涅槃,总是把自我个体看为实在,处处从自我出发,听到消除了自我的涅槃,反而恐怖起来。所以理解涅槃是最困难的,难在不能用我及有关我的事物去拟想,而人人都透过我见去拟想它,怎么也不对。入了涅槃,身心都泯寂了。泯、灭、寂,意思都相近。这并非说毁灭了,而是慧证法性,消解了相对的个体性,与一切平等平等,同一解脱味。到这里,就有另一问题,大小乘便要分宗了！

　　小乘的修学者,做到生死解脱了,便算了事。苦痛既已消除,也再不起什么作用了。这是小乘者的涅槃观,大乘却有更进一步的内容。这可分两点来说:(一)约体证的现(相)实(性)一味说:声闻者证入法性平等时,离一切相。虽也知道法性是不离一切相的,但在证见时,不见一切相,唯是一味平等法性。所以说:"慧眼于一切法都无所见。"声闻学者的生死涅槃差别论、性相差别论,都是依据古代圣者的这种体验报告而推论出来。但大乘修学者的深悟,在证入一切法性时,虽也是不见一切相(三乘同入一法性;真见道),但深知道性相的不相离。由此进修,等到证悟极深时,现见法性离相,而一切如幻的事相,宛然呈现。这种空有无碍的等观,称为中道;或称之为真空即妙有,妙有即真空。由于体证到此,所以说:"慧眼无所见而无所不见。"依据这种体证的境地安立教说,所以是性相不二论、生死涅槃无差别论。在修行的过程中,证到了这,名为安住"无住涅槃",能不厌生死,不著涅槃,这是小乘证悟所不能及的。但大小的涅槃不是完全不同,而是大乘者在三乘共证的涅槃(法性)中,更进一层,到达法性海的底里。

(二)约修持的悲愿无尽说:小乘者的证入涅槃,所以(暂时)不起作用,除了但证空性,不见中道而外,也因为他们在修持时缺乏了深广的慈悲心。像游泳的人,如发生了危险,那不想救人的,只要自己爬到岸上休息,便觉得没事,更不关心他人的死活。有些想救人的,自己到了岸,见别人还在危险中,便奋不顾身,再跳进水里去,把别人拉到岸上来。菩萨在修行的过程中,有大慈悲,有大愿力,发心救度一切众生,所以自己证悟了,还是不断地救度众生。在为人利他所受的苦难,菩萨觉得是无上的安慰,最大的喜乐,没有比这更幸福了。由于菩萨悲愿力的熏发,到了成佛,虽圆满地证入涅槃,但度生无尽的悲愿成为不动本际而起妙用的动力,无尽期地救度众生,这就大大不同于小乘者的见地了。但圆满成佛以后救度众生,不再像众生一样,救此就不救彼,在彼就不在此。佛的涅槃,是无在无不在的,是随众生的善根力所感而起应化的——现身、说法等。佛涅槃是有感必应,自然起用,不用作意与功力的。佛般涅槃,像日光的遍照一切一样。一个个的众生,像一所所的房屋,有方窗,光射进来,就有方光;有圆孔,光射进来,就有圆光。光是无所谓方圆的。所以,现一切身,说一切法,都是随众生的机感而现的。如释迦佛的在此土诞生、出家、成佛、说法、入涅槃,都是应化身;圆证涅槃的佛,是早已证法身了。因此,如想像圆证涅槃的佛,是一个个的,在这里在那里的,是寿长寿短的,便不能了知大乘涅槃的真义,不知应化身的真义了。必须放弃小我个体的观念,才有悟解证入涅槃的可能。

涅槃,是没有人与我等种种分别。所以了解涅槃,非从生死苦果,即小我个体的消散去了解不可。入了涅槃,如说永恒,这即是永恒,因为一切圆满,不再会增多,也不会减少,也就不会变了。说福乐,这便是最幸福,最安乐;永无苦痛,而不是相对的福乐了。要说自由,这是最自由,是毫无牵累与挂碍的。没有一丝毫的染污,是最清净了。所以,有的经中描写涅槃为"常乐我净"。这里的我,是自由自在的意思,切不可以个体的小我去推想他。否则,永久在我见中打转,永无解脱的可能。以凡夫心去设想涅槃,原是难以恰当的。所以佛的教说,多用烘云托月的遮显法,以否定的词句去表示它,如说:不生不灭、空、离、寂、灭等。可是众生是愚痴的,是执我的,多数是害怕涅槃的(因为无我了);也有不满意涅槃,以为是消极的。纯正而真实的佛法,众生颠倒,可能会疑谤的,真是没法的事。好在佛有无量善巧方便,为了这种深深执我的众生,又作另一说明。

二、身心转依之涅槃:"转依",是大乘佛教的特有术语。转依即涅槃,表示身心(依)起了转化,转化为超一般的。这可说是从表显的方法来说明涅槃。依,有二种:(一)心是所依止,名为"染净依"。依心的杂染,所以有生死;依心的清净,所以得涅槃。心是从染到净,从生死到涅槃的通一性。在大乘的唯识学中,特重于这一说明。(二)法性(空性)是所依止,名为"迷悟依"。法性是究竟的真性,迷了它,幻现为杂染的生死;如悟了,即显出法性的清净德性,就名为涅槃。从心或从法性——依的转化中,去表显涅槃的德用,是大乘有宗的特色。

(一)约染净依说转:我们的烦恼、业、苦果,是属于杂染的;圣者的戒定慧等功德,是属于清净的。而染与净,都以心为依止。这个所依心,唯识学中名为阿赖耶识,即心识活动的最微细部分;最深细的阿赖耶识,成为生死与涅槃的枢纽。众生的生死苦,由于心识中有不净种子(功能)。由此不净的种子,生起烦恼、业、果。如从不净种,生起贪、嗔等烦恼心行,于是所有的身口行为,都成为不净业,如杀、盗、淫等。即使是作善,因从自我出发,所作的也是杂染业,要感生死苦果(生人天中)。此报由业感,业从惑起的因果,实在都是从不净的种子而发现。现起的不净行,又还熏成种种不净的种子。杂染种子积集的染心,持种起现,又受熏成种,因果不断,这才延续流转于苦海之中。这个杂染种子所积集的杂染心——阿赖耶识,从业感报来说,它是受报的主体,所以叫异熟识。从形成个体的小我来说,它是摄取及执取的阿赖耶识,而被我见错执为自我(因为阿赖耶识有统一性、延续性,而被错执为是常是一的自我)的对象。依阿赖耶识而有杂染的种现不断,那不是永远不能解脱杂染的生死吗?不!好在心的深处,还有清净的种子。所以,众生是既非纯善的,也不是纯恶的,而是心中含藏着一切染净功能种子。众生并不是没有清净的功能——无漏种子，而是向来被杂染功能遮蔽了，才成为杂染的一家天下，烦恼业苦现行，不得解脱。要求得解脱，就要设法把心中深藏的清净种子，使它发现出来。如信三宝、听法、诵经、持戒等，即是开始转化。像走路一样，向来走错了，现在要换个方向走，向佛道走去。依佛法而作不断的熏习，渐使杂染的力能减低，清净的功能增强，发展为强大的清净潜力。再进步，把杂染的功能完全压伏，从无漏的清净种子现起清净的智慧等，烦恼自然被伏断了。一向为杂染所依的杂染心，现在转化为清净法的所依，就叫做转依（究竟转依在佛位）。悟证以后，清净的功德现前，杂染的力能被压伏，但染法的潜力还在，不时还要起来。这要经过不断的治伏阶段，与烦恼余力搏斗，到最后，达到纯净地步，才彻底消除了不净的种子，而得究竟的清净解脱，也就是得到究竟的涅槃。修持的方法，不外乎修戒定慧，修六度、四摄。到达转染成净，不但消除了一切杂染，而且成就无量的清净功德，无边殊胜力量。所以大乘的涅槃，不是什么都没有了，也不是毫无作用。

究竟转依了的清净心，和现在的杂染阿赖耶识不同。现在是虚妄分别的，与杂染相应的。到那时，转识成智，是无分别的。圆满的大智慧具足种种利生妙用，一切清净的功德都成就。清净的功德成就，在《阿含经》中也透露这一消息。佛的弟子舍利弗尊者，回到自己的家乡，入了涅槃。他的弟子均提沙弥，如法地火化了以后，把舍利——骨灰带回去见佛，非常的悲伤。佛就问他："均提！你和尚入灭了，他无漏的戒定功德和深广的智慧，也都过去而没有了吗？""没有过去。""既然生死苦灭去了，一切清净功德都不失,那何必哭呢!"这是同于大乘涅槃,具足功德的见地。约染净依说,着重戒定慧功德的熏修,转染成净,苦果消散了,却具足一切功德。所以成了佛,能尽未来际度众生,随感而应,现身说法。

对于佛果的大般涅槃,切勿作"我"想,我想与涅槃是永不相应的。转依的佛涅槃,以大菩提(觉)为本,彻证无我法性,所以佛佛平等,相融相入。具足一切功德的佛涅槃,彻证无我,没有分别,所以从对立矛盾等而来的一切苦痛,成为过去。

(二)约迷悟依说转:佛有无量善巧,为了适应众生,还有另一方便,约迷悟依说转依。这个依,指法性而说,或名真如。真是非假的,如是不二的,这就是一切法空性,事事物物的实相。众生为什么轮回生死? 即因不悟法性,颠倒妄执,造业受苦。若修持而悟证了法性,即得解脱。法性是不二的,所以说:"在圣不增,在凡不减。"《心经》所说的"诸法空相,不生不灭,不垢不净,不增不减",也就是这个。诸法空性,虽本来如此,但无始以来,有无明、我见,不净的因果系,迷蒙此法性,像乌云的笼盖了晴空一样。虽然迷了,杂染了,而一切众生的本性,还是清净的、光明的、本来具足一切功德的。一般人都觉得,生死流转中,有个真常本净的自我,迷的是我,悟了解脱了,也还是这个我。现在说:众生虽然迷了,而常住真性,不变不失。这对于怖畏空无我的,怖畏涅槃的,是能适应他,使人容易信受的。佛在世时,有外道对佛说:"世尊! 你的教法,什么都好,只有一点,就是'无我',这是可怕的,是无法信受的。"佛说:"我亦说有我",这就是如来藏。外道听了,便欢喜信受。照《楞伽经》说:由于"众生畏无我"，为了"摄引计我外道"，所以方便说有如来藏。众生迷了如来藏，受无量苦；若悟了如来藏，便得涅槃，一切常住的、本具的清净功德，圆满地显发出来。中国佛教界特别重视这一方便，大大地弘扬。但是，如忽略了佛说如来藏的意趣，便不免类似外道的神我了。要知道，这是佛为执我外道所说的方便。其实，如来藏不是别的，即是法空性的别名。必须通达"无我如来之藏"，才能离烦恼而得解脱。

约法空性说，凡圣本没有任何差别，都是本性清净的，如虚空的性本明净一样。在众生位，为烦恼、为五蕴的报身所蒙蔽，不能现见，等于明净的虚空为乌云所遮一样。如菩萨发心修行，逐渐转化，一旦转迷成悟，就像一阵风把乌云吹散，显露晴朗的青天一样。云越散，空越显，等到浮云散尽，便显发纯净的晴空，万里无云，一片碧天，这就名为最清净法界，也就是究竟的涅槃。

五　结　说

生死是个大问题，而问题全由我执而来，所以要了生死，必须空去我见。无我才能不相障碍，达到究竟的涅槃。凡圣的分别，就在执我与无我。圣者通达无我，所以处处无碍，一切自在。凡夫执我，所以触处成障。入了涅槃，无牵制，无冲突，无迫害，无苦痛，一切是永恒，安乐，自在，清净。而这一切，都从空无我中来。

涅槃的见地，如苦痛的消散，无分别，无分量，寂静，平等，这在大小乘中，都是一样的，都是从无我观中，消除个我的对立而说明的。而大乘的特色，主要在悲智一如的净德，随感而应。

涅槃，不是说明的，不是想像的。要觉证它，实现永恒的平等与自由，必须从实践中，透过无我的深慧去得来。

（慧莹记）